劳阿毛并购新说

劳志明 著

中国法制出版社

CHINA LEGAL PUBLISHING HOUSE

序

话说 2002 年的某次晚宴，席间有同学问劳阿毛何谓"投行"，劳同学答："如果你手里有很多花不完的钱，也不知道咋办，那么我们来帮你，用这些钱去赚更多的钱！"听者眸子一亮。劳同学随即补充："前提是你要给我们一部分钱。"

彼时，中国的并购市场方兴未艾，多数民营企业家对"买壳上市"一词依然陌生。如果对朋友介绍自己是投行，可能不少人会微笑着露出崇拜的眼神，诚恳地握手，内心却悄然亮起一盏哗哗作响的小红灯。

一转眼，快 20 年过去，资本市场大浪淘沙，企业上市的造富神话涤荡着每一个国人的心灵。如今在移民城市深圳的著名相亲角——莲花山公园，替女儿前来相亲的阿姨们也都晓得，如果遇上一个小伙子贴着"投行"的标签，可能意味着海归学历，不菲的收入，有颜值，有前景，其抢手程度仅仅次于"本地有楼收租"。

《劳阿毛说并购》①一书首印以来，先后加印六次，作为小众领域的一本专业书籍销量如此不俗实在难得。处女秀之后时隔六年，劳阿毛这个 IP 依然为市场所拥趸，这固然得益于近几年并购市场的高歌猛进，但作者劳阿毛个人的独特魅力更为重要。在增补的这些文章中，我们可以惊奇地看到，劳阿毛本人体重没有与时俱进，而他的文章还保持着通透、洗练、质朴和有趣。

---

① 《劳阿毛说并购》由中国法制出版社于 2015 年 11 月出版。

　　花繁柳密处，拨得开才是手段。商业世界里的劳阿毛显然是个优秀选手。这首先基于他对人对事的深刻洞察，以及爱琢磨、好总结的天性。企业并购重组交易之复杂不仅在于监管政策体系之庞杂、企业自身之认知局限以及多方利益博弈带来的不确定性，更在于交易各方必然遭遇的"囚徒困境"。人性本来多面，除了贪婪和恐惧，很多其他的力量也在无形中支配着人类，比如妒忌、谬误、傲慢。在"并购方案设计——合规下的利益平衡艺术""交易撮合——洞察人性下的预期管理"中，劳阿毛如一个电竞游戏的解说者，对交易之成败利害、局中各方期待及利益实现的可能性如抽丝剥茧般地逐一剖析，从业20多年的经历让其文章兼具现场操作的既视感与事后复盘的理性抽离。

　　这本书还被不少年轻读者奉为"投行小白必读"，其缘由大概在于本书更为立体地呈现了一个"投行大佬"的成长之路。本书所传递的价值观与职业理解更是得到了诸多业内外人士的认同。大概所有高薪酬并讲究"Professional"的行业都有类似特点：衣着光鲜只是这个行业的表象，加班熬夜与空中飞人才是这个行业的常态。投行焉能例外？金融圈压力密集，入行三五年乃是人生最难熬的阶段，需要在困顿和迷失中寻找方向，调整坐标，重塑自我。希望大家看到劳阿毛这样的大佬一路摸爬滚打的经历，再读读他遭遇的尴尬和家长里短，能够略感宽慰并吹着口哨继续乐观前行。如他所言"就算看起来是香菇的样子，也不妨碍有颗灵芝的心"。相信一切困难都是暂时的，坚持做困难而正确的事，剩下的就交给时间吧。

说到困难，"艰则吉"是我与劳阿毛交流的共同的职业感受。阿毛曾说：项目如果前期进展得十分顺利，后期多半会遇到大麻烦，甚至可能做不成。作为一名诉讼律师，在大要案件中也会面临举步维艰的窘境。"诉讼"二字意味着争议。既然你设定目标的达成受到多种因素的支配，而通常你手上的利器却只有法律，那怎么能不难呢？有人开玩笑说：诉讼律师干的是世界上最难的两件事，即把自己的思想装进法官的脑子，把客户的钱装进自己的腰包。我时常鼓励身边的年轻律师：难就对了，不难就意味着我们没有逼近事情的真相，不难就意味着我们没有走在正确的道路上。作为已经半躺平在沙滩上的"70后"，在阅读劳阿毛关于职业感悟的系列文章时，我感觉更像是与老朋友围炉夜话，时而拨云见日，时而会心一笑。

  这本书集结了劳阿毛从入行到今日的所思所想。我试图把它想象为劳阿毛进行的一场跨越山海的演讲。是时也，锣鼓喧天，鞭炮齐鸣，彩旗飘飘，银山银海。我混迹在老中青粉丝当中为其"打call"。阿毛总淡然挥手："文章本天成，胖手偶得之。"

  是为序。

高强　于深圳

2021 年 7 月 18 日

壹 横看成岭侧成峰——并购的 N 个侧面

贰 并购方案设计——合规下的利益平衡艺术

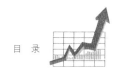
伍　舍弃小我，娱乐众生——投行人的自嘲与沉思

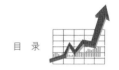

壹

横看成岭侧成峰

——并购的 N 个侧面

阿毛语录

　　并购重组类型可以用买房来比喻，新婚夫妇申请福利分房是 IPO，购买二手房装修及换家具是借壳上市，小两口住进房子后把全家都安排落户并居住是整体上市，攒钱把邻居房子买下来算产业并购。

并购重组类型之科普式解析

　　并购重组并不是特别严格的法律概念，其是指公司非经营性的股权和资产交易，与经营相关的交易通常不视为并购重组。比如房地产公司因为经营去购买土地，虽然交易额可能巨大，但不是并购重组而属于经营活动。再如企业兼并其他破产企业的机器设备属于资产并购重组，但若从供应商手里买设备则算采购行为。

　　从现象而言，并购重组都是股权和资产的交易与变动，但背后的驱动力大有不同，很长时间以来，无论是监管还是市场对并购重组均有不同的分类表述。华泰联合证券在 2008 年首次提出了并购重组的三种分类方式，即借壳上市、整体上市和产业并购，到目前为止应该是被接受程度最高的分类，尽管这种分类并非绝对科学与严谨。2020 年左右，A 股市场又陆续出现了上市公司之间的并购与整合，为 A 股并购重组提供了新的类型补充。

一、借壳上市

通俗地讲，借壳上市是以取得上市公司控制权和进行资产注入进而改变上市公司主营业务的操作形式。借壳上市有如下几个特点：首先，借壳上市系股东推动的，以上市公司为收购和重组对象；其次，借壳上市操作目的是获取上市资格，而并不太关注原有上市公司业务，若关注也多集中在净壳剥离难度；再次，借壳属于关联交易，故作为潜在大股东的借壳方与小股东的利益取向不同，即借壳方有对注入资产高估而挤占中小股东权益的驱动。

（一）借壳上市是成本较高的操作

相对比 IPO（Initial Public Offerings，首次公开发行）而言，借壳上市是成本更高的上市方式。借壳上市和 IPO 都可以实现上市，但 IPO 是通过行政许可获取融资资格行为，而借壳上市是通过交易方式来实现，即控制权的取得和资产的注入。二者最核心的区别在于股东持股的摊薄对价不同，IPO 发行对公司股东是有对价的摊薄，即能够按照较高的发股价格实现融资，这对公司及全体股东是有利的。但借壳上市发股后上市公司的原股东持股还继续保留，要分享借壳上市资产的权益。简而言之，借壳上市需要给上市公司原有的股东做一定的权益让渡，所以借壳上市是没有对价的赠与式摊薄。IPO 原来全体股东持股比例为100%，通过发行新股融资上市后，股权比例被稀释到90%或者更多，但该稀释有可能会取得数亿元甚至数十亿元的现金。

而借壳操作前企业股东持股 100%，借壳操作后变成 60%，其中 40% 权益是送给了上市公司原有股东，作为借壳企业实现上市的交易对价。借壳上市也可能会配套融资，但配套融资会在资产交易的基础上进行有对价的摊薄，获得融资是以股比进一步被稀释为代价的，所以说借壳上市是成本较高的交易行为。

（二）等同 IPO 标准，知易行难

尽管目前对借壳上市的审核要求与 IPO 等同标准，但事实上操作借壳上市企业规范性的要求还是要略低于 IPO。为什么这么说呢？因为《首次公开发行股票并上市管理办法》（以下简称首发办法）规定的发行条件相对较为基础，而很多 IPO 企业最终被否决并非不符合发行条件，而是缘于细枝末节的条件并没有达到监管的要求。但是对于借壳上市而言符合首发办法规定的发行条件是大前提，可基于交易属性，其并不完全受制于 IPO 审核的所有要求。

为什么标准会有所不同呢？主要还是基于借壳上市成本非常之高，如果完全与 IPO 条件等同，很多企业不会采用借壳上市的方式。更重要的是，借壳上市不但是上市行为，同时又涉及对现有上市公司的挽救与改造，即借壳上市系通过交易方式来实现，事关上市公司千万公众股东甚至地方政府的切身利益。某单 IPO 被否决的后果只是该企业没有实现上市融资，少了几个身家过亿的富翁而已，但借壳上市被否决牵扯到的利益主体就会复杂很多。比如借壳上市信息披露后股价大涨会令股民受益，二级市场股价会透支借壳对上市公司基本面改变的预期。若借壳被否决则意味着股价会被打回原形，千千万万股

民的利益将遭受重大损失。还有借壳失败可能导致上市公司退市，关系到地方政府的利益和地方金融环境的稳定等。所以借壳本身也是在现有制度下经过博弈形成的巨大的利益共赢与制衡，故此，并非每个借壳上市案例都足够完美，但其还是保持相对较高的审核通过率。

（三）借壳企业盈利要求高，土豪的游戏

尽管借壳上市对企业规范性要求稍微弱些，但是对拟借壳企业的盈利能力要求非常之高。比如拟 IPO 企业有几千万元利润就具备申报条件，但拟借壳企业没有上亿元的利润根本没有办法操作。首先利润的体量可以支撑一定的估值，进而保证借壳方在上市公司重组交易中取得控制权。比如上市公司市值 20 个亿，要想借壳取得控制权，那拟借壳企业怎么估值也得超过 20 个亿。而且借壳企业利润越多估值也就越大，可选择重组的上市公司的范围就会越大。有人说，利润少估值小没关系，可以找市值小的壳来借，但市值小的壳多处于交易优势地位，交易达成的难度很大。

拟借壳资产的盈利也关系到重组效果，即重组之后能够大幅提升上市公司每股收益，而预期每股收益高才会令股价飞涨，对于借壳重组通过股东大会和证监会审核非常重要。简而言之，借壳重组必须对现有上市公司财务指标有很大改善才行，比如原来每股收益 5 分，重组完之后变成 1 块钱，股价嗷嗷上涨令市场一片欢腾，证监会就愉快地批准了。假设原来每股收益 5 分，重组之后变成 8 分，而且因为发股把盘子搞得挺大，借壳重组之后未改变垃圾股本色。借壳上市多为关联交易，控股股东无法表决，而且还必须给公众投资者网络投票的

条件，实践中也经常出现公众投资者对方案不满意进而否决借壳方案的情形。就算股东大会侥幸过关，监管机构看到重组效果非常谦虚而股价表现不死不活，若再有其他毛病弄不好就给否决了。所以，借壳交易本质是拟借壳企业利用盈利对上市公司原有股东做利益让渡，交易过程中各方利益只有平衡才能操作成功，一句话：客观要有实力，主观要能创共赢。

（四）好壳的标准：年轻婀娜，肤白貌美

　　借壳重组交易另外一个话题就是壳的选择，什么样的上市公司是比较好的被重组对象呢？目前借壳重组的主流操作方式是通过发行股份来实现的，即我们通常说的存量不动而做增量。假设上市公司市值为 10 个亿，拟借壳企业估值 20 个亿，那么重组之后借壳方股东在上市公司的股比就是 66.6%。按照这个逻辑，在拟借壳企业估值确定的前提下，上市公司市值越小，重组后持股比例就越高，在后续公司资本市场总估值中占比也越高。而借壳重组后股权比例结构是最根本的商业利益安排，也是借壳交易中需要博弈的最重要条件，这也是市值小的壳公司在市场比较抢手的原因。所以，找壳就跟找女朋友差不多，市值好比女孩年龄，越年轻越好，当然前提是人家愿意！

　　对于壳公司的选择，在相同市值下还需要考虑股本和股价之间的关系。比如都是 10 个亿市值的袖珍壳，可能会有两种情形，1 亿股本股价 10 块钱和 10 亿股本股价 1 块钱。对于相同市值壳公司而言，股本越小股价越高越好。股本越小重组后每股收益越高，每股收益几毛钱甚至几块钱。但是对于小市值大股本的壳就意味着重组后效果会差

些，因为原本股本就不小加之重组股本扩张，重组后的股本盘子很大，导致每股收益不那么乐观。所以，若说壳市值像姑娘年龄，那么股价和股本就特别像女孩的身高和体重，谁都喜欢身高170厘米体重120斤的，怎么看都舒服，要是姑娘身高120厘米体重170斤那肯定不好看，你可以仔细感受下。

二、整体上市

整体上市的表现形式跟借壳上市有些相似，都是股东驱动的关联交易行为，通常是股东将自己资产注入控股的上市公司，进而提升上市公司资产量和提高股东权益比例，但跟借壳上市有所区别的是控制权并不因为重组而发生变化，整体上市也称为关联方注入。

（一）源于对IPO制度的纠偏

整体上市跟借壳上市都是中国证券发行制度的补充，且整体上市更多是对历史上IPO审批额度制的纠偏。据说，中国股市的初始目的并不是实现股权交易和价值发现，最主要目的是给国有企业脱贫解困。在IPO审批额度制下，无论企业规模大小，其股票发行上市的盘子大小是固定的，对于规模较大的企业而言，只能实现部分资产或业务上市。所以早期国有上市公司会有相当体量的资产依然在股东旗下，当时国有股东也不在意，因为持有股份不能转让流通，上市无非获得融资平台而已，只要能进行发股融资就可以了，对持股数量及比例并不关注。

股权分置改革之后，整个中国资本市场的估值体系发生了变化，同时市场又出现了非公开发行的支付工具创新，国有股东发现体外资产可以注入上市公司，而且是左手倒右手，但股票市值比原来净资产翻了好多倍。同时，国有资产的考核评价体系考核指标也由原来的净资产转向了股票市值。当然，整体上市除了完善提升国有企业证券化率之外，对于改善原有的同业竞争及关联交易等治理结构缺陷等也发挥了积极作用。市场掀起了国有企业整体上市的热潮，催生了类似长江电力、中国船舶及鞍钢股份等国有巨无霸上市公司。

（二）整体上市的面子，产业整合的里子

最近几年，基于股东的注入而被划分到整体上市类的交易依然有一定的数量，但是其内涵已经发生了变化。因为股权分置改革后迎来了国企整体上市热潮，但具备整体上市条件的可能多数已经完成了操作。但股东的资产注入会持续发生，股东注入跟原有国企整体上市已经有所区别，更多已经具备了产业整合的性质。

上市公司外延式的成长是需要有资产不断注入的，但是基于上市公司对收购资产的规范性和盈利性要求，有时候对外进行产业并购没有办法一步到位。还有上市公司决策程序跟资产整合和收购操作效率是相矛盾的，比如说有些资产是采用公开的竞价或拍卖的形式来寻找受让方的，对买方的决策效率要求会非常高，但上市公司由于其公众性所致决策程序较为复杂，召开董事会及股东大会需要周期，如果交易采用发股支付还要履行证监会审批程序。故此通常采用分步走方式来完成交易，即大股东先购买，然后再注入上市公司。

另外，上市公司对拟购买资产的盈利能力和规范性是有要求的，在中国环境下某资产或股权在经营上天然地符合上市的规范条件几乎是不可能的，因为经营规范性要求跟上市规范性要求差异很大，所以不难理解为什么有些公司准备三年才上市，好比这个公司被放到温室里一样，所有要求照法规及监管要求做才能达到审核的标准。资产注入通常都有合规性问题要解决，比如矿产资产存在超产行为，在未上市时是很少被处罚和禁止的，因为对地方的 GDP 是做贡献的，没准儿还上电视宣传表彰呢。但是真正面临上市审核就会被定性成经营违法违规行为。所以基于这样的矛盾，很多整体上市具有资产体外整合规范培育的目的。

三、产业并购

（一）兴于江湖，源于市场

并购重组的第三个类型是市场化的产业并购，也有称之为向第三方并购。产业并购在最近几年比较风行，在中小板和创业板催生出好多大牛股，比如蓝色光标、东华软件、利亚德等，即通过并购实现公司的成长和股价的上升。

跟借壳上市和整体上市相区别，产业化并购主要有如下特点：首先，产业并购是以上市公司作为主体来并购的，推动并购的主体不再是股东，这点与整体上市和借壳上市很不一样，上市公司作为并购的主体而非并购对象；其次，产业并购是向独立的第三方进行市场化的

并购，从法律角度而言系非关联交易，即交易条件完全是通过市场化博弈谈出来的，这是产业并购最明显的特点；再次，产业并购具备一定的产业逻辑，比如横向扩张增加规模和市场占有率，或者上下游拓展延伸产业链增强抗风险能力，或者基于研发、客户等进行相关多元化拓展，甚至干脆利用产业并购实现业务转型等。

（二）大小股东，携手共舞

产业并购的交易条件是市场化博弈出来的，这与借壳上市和整体上市的关联交易属性有很大不同。在借壳上市和整体上市中，大股东具备左右交易估值和定价的条件，所以大股东基于商业利益考虑有高估作价来挤占中小股东利益的冲动。但产业并购是以上市公司为主导的，在交易博弈中大小股东的利益不再对立而是统一的。

另外，产业并购基于市场化博弈特点，最终达成的交易条件是种脆弱的平衡，这点也跟借壳与整体上市有所区别。在借壳上市和整体上市审批中，基于关联交易属性，交易作价和条件的弹性比较大，甚至可以按照监管取向进行修正调整。但产业并购由于其市场化博弈的特点，若审核过程中监管部门对实质性的商业利益条款要做调整，整个交易就极有可能崩掉，实践中也有过类似的例子。

四、上市公司之间并购与整合

与以上传统的 A 股并购模式不同，最近两年涌现出了上市公司之间的并购重组的新交易类型。主要包括两种方式，一是上市公司收购

控股另外一家上市公司，所谓"大A控小A模式"，典型案例类似美的集团收购万东医疗；二是上市公司之间的合并，两家公司通过换股方式成为一家公司，典型案例是凯撒旅游与众信旅游的换股合并。

这种新型的并购重组方式跟过往几种有很大的差别，无论是借壳上市、整体上市还是向第三方发股并购，本质上都是种非上市资产证券化上市的过程。尽管驱动因素中有获取上市平台、规范纠偏及外延式扩张等，但通过换股并购获得流动性溢价都是这几个类似并购很重要的驱动因素。但是上市公司之间的并购重组，尤其是换股式的合并，其交易驱动更多是基于产业整合而不是非上市资产证券化。

上市公司之间的并购整合会催生行业巨头出现，在当下的市场环境下出现也是有其原因的。核心主要有如下几点：首先，基于IPO的持续扩容，A股上市公司估值逐渐回归理性，很多优质上市公司股票价格已经与一级市场差异不大，甚至有些上市公司估值已经出现严重低估，简而言之，上市公司已经具备被并购的价格基础。其次，A股上市公司的估值逻辑也发生了改变，跟之前的小盘股容易被炒作相比，目前具有产业基础的龙头公司估值更容易有溢价，市场已经从追小转向追大。从这个逻辑而言，基于合并同类项的同行业整合具备了估值溢价基础，存在"1+1＞2"的可能。再次，随着2018年市场调整和大规模的债务危机，也改变了很多企业家的心态，摈弃了"宁为鸡头不为牛后"的固有思想。能够接受抱大腿和抱团取暖的行业整合方式，拥抱行业巨头实现企业传承和换得更好的流动性。

以上是上市公司并购重组的分类与认知，无论是市场还是监管对并购的认知都更加清晰，在业务实践和监管实践中也更具有针对性。对理顺长期以来对并购重组的混沌认识产生很积极的意义。总体而言，并购重组类型演变代表着 A 股市场逐渐由套利转向产业整合的过程，并购从证券化逐渐转向基于产业逻辑的资源配置。

劳阿毛
并购新说

注册制，将带来什么

　　从"IPO可不可以不审"的灵魂发问，到注册制被明确写进《证券法》，注册制是这两年的热门话题。另外，以注册制为基调的科创板横空出世，以及目前正如火如荼推进的创业板注册制改革。可预见的将来，中国证券市场将逐渐进入注册制时代，这似乎是无法逆转的趋势。

　　如何理解注册制？

　　多数人对注册制有很朴素的理解，就是企业上市不用审了。所以，市场尤其是公众投资者曾经将注册制视为洪水猛兽，感觉没有监管背书市场会出乱子。大概的逻辑是这样的，在IPO严审下造假上市也经常出现，要是不审了上市公司质量更没办法保证了。另外，注册制会导致A股市场大扩容，资金有限股票供给增加，市场会大跌导致大家赔钱等。

上述观点具有相当的代表性，而且在这个逻辑下很难解释和说服。其实对多数人而言，无法判断没有发生事情的影响，带着固有的思维来预判变革。简单而言，用管制的思维模式来预判注册制，结论大概率会是错误的。

有不少类似例子，想当年大学毕业生不再包分配工作时，很多毕业生会认为国家抛弃了他们，打破了上了大学就能吃"皇粮"的梦想。另外也有人认为，大学进入人才市场会让岗位竞争更激烈，会威胁自己的饭碗。事实证明，市场化的用人机制更有效率，很多担心最后都被证明是多余的。

其实，注册制并非简单的 IPO 门槛问题，而是要解决 A 股市场资源配置方式，说到底应该用管制还是市场化方式来配置资源。所以从这个角度而言，注册制不单单是制度改革，而是场观念和灵魂的革命。核心是要把应该由市场决定的交给市场，这个观念和逻辑会涵盖整个资本市场，包括企业的首次发行、后续融资、并购重组和股票交易等方方面面。

注册制会让上市变得容易吗？

很多人认为，注册制降低了上市的硬性门槛，不再有各种条框要求，所以企业上市会很容易。比如最近的创业板注册制的推行，很多规模不大原来上市无望的企业都跃跃欲试，似乎新的 IPO 堰塞湖又要形成。认为注册制就是上市大放水，各种阿猫阿狗都可以来搏一把。

事实是这样的吗？

其实，审批管制和市场化都有各自的门槛。在审批制度下，因为股票有稀缺性不愁卖，故此多数上市公司股票是没有定价和销售压力的，只要能取得批文就可以了。但是在注册制下，审批门槛不再那么高，但也并不代表监管不再把关，多数拟上市公司要面临股票销售问题，要么卖不出去要么价格低得难以接受。简单来说，行政审批门槛低市场门槛却提高了，上市变得更有挑战性。

再举个例子，当年计划经济下全国电视机的生产牌照是稀缺的，生产能力也是相当有限的，导致电视机很贵还得凭条子托关系才能买到。后来放开管制，各种电视机厂如雨后春笋般成立了，每家都认为赚钱的机会来了。但后来结果咋样，经过充分竞争99%的电视机厂都死掉了，目前就剩下竞争力很强的几家。讲直白点，市场配置资源会更有效率，但竞争的过程会更残酷。

可以预见注册制到来，发行价格和发行节奏不再被管控，多数的股票可能就面临着发行失败。2020年上市公司再融资放松审批，整个市场已经领略了路演推销股票是件多痛苦的事。想想，在真正的市场化环境中，无论是卖商品还是卖股票都应该很难。华尔街就是由经纪人兜售股票场所演变而来，在中国，长期股票没有销售压力，不是因为股票质量多好，而是因为审批导致的供给性不足。从这个角度而言，大家都曾经是管制红利的受益者。

对于企业而言，因为注册制会消除股票发行溢价，因此会更慎重考虑是否真的要上市。所以当前排队上市的企业，从某种程度上也是对注册制认识不足，既看到上市的可能性增加，又对后续发行压力判断不足。另外，主动退市也会成为常态。市场大概率会形成"二八"现象，好公司股票被推崇而差的无人问津。2020 年 A 股股票已经体现这个特点了，龙头大市值在高歌猛进，昔日被追捧的小盘股萎靡不振。二级市场已经提前进入注册制时代。

注册制对投行业务影响几何？

注册制对 A 股市场会有颠覆性影响，对身在其中的投行机构也不例外。在管制下，投行的核心任务是应对监管而不是促成交易，所以投行的最大客户是监管机构，其次才是企业。投行角色也有点奇怪，受托于企业但要做监管的看门人。所以，会让企业感觉惹不起离不开又爱又恨。

注册制下的投行面临着转型，最重要的工作不是拿批文而是定价和销售。所以，投行要聚焦行业能从投资角度评判企业估值，能建立起有效的投资人网络和口碑完成股票销售。这无论对现有的投行机构还是个人而言，都是非常大的挑战。

简单说吧，在注册制下投行的核心客户不再是企业，应该是大的投资机构。这个逻辑在于注册制会让中国证券市场由卖方市场变成买方市场。以后投行开年会，邀请的就不再应该是企业客户而是各种大金主了，铁打的金主流水的企业应该成为常态。

当然，对投行从业者也会有很多改变，投行的核心能力是定价和

销售能力，还有就是撮合交易的资源嫁接能力。注册制会改变多数投行从业者的命运，对行业而言是转型，但对个体而言，大概率就是新人笑旧人哭的惨烈淘汰了。时代车轮滚滚前行，碾轧在你我身上悄无声息……

注册制对并购交易啥影响？

有人说，注册制对并购会有很大的影响，因为都可以直接上市就没有必要并购了。所以无论是借壳还是发股购买资产都会没戏。这个确实没错，注册制会改变整个资本市场的生态，也会改变并购的驱动与逻辑，但并购会在新的逻辑下更加活跃。

这并不是并购从业者的非理性乐观预期。借壳肯定会近乎绝迹，因为注册制下上市与否都需要琢磨，借壳通常成本大，不是企业首选。但注册制下借壳成本也会下降，香港市场比较成熟但有很多仙股存在，在借壳成本不高的情况下，也不排除会有个案发生。

其实，无论是IPO还是并购本质都是交易，企业做出商业决策最根本的因素是利益。在美国市场多数企业最终会选择卖掉，主要是独立IPO股票很难卖出去。另外，卖给更大的买家会基于控制权溢价和价值的相对性，获得比IPO更高的收益。A股大家更倾向IPO最重要的原因是IPO的溢价更具有吸引力，当然，中国有"宁为鸡头不为牛后"的传统思维也是其原因之一，但前者更为主要。

在注册制下，龙头公司基于并购整合的动力和手段都会被放大。并购在市场上的玩法和逻辑会由原来的证券化套利转变成产业整合扩张。目前已经有很多上市公司之间在琢磨合并了，并购市场会越来越好玩，当然也越来越难操作。需要站在整合与投资角度来思考并购，在这方面，企业家已经想得更为超前且准备践行。

注册制演进会顺利吗？

注册制嚷嚷很多年了，现在刚刚有个雏形。目前的科创板和创业板只能说是确立了以注册制为目标的改革，其实还是在路上。但总算是有了注册制的方向和追求了。就像小时候家里柜子上要印"豪华家具"，尽管称不上豪横但有理想总归是好的。

注册制确实不会一蹴而就，也会有各种纠结与干扰。仔细想想，目前的监管、上市公司、投资者和中介机构，都是管制红利的受益者。面临这场触及灵魂的自我革命，确实都挺不容易的。尤其当下金融环境复杂多变，在这过程中面临反复也算正常，需要些耐心才对。

对注册制的演进大趋势还是应抱有信心，客观讲，是否叫注册制不重要，A股几十年的市场化进程的大趋势是不可逆的。任何人都无法阻挡历史前进的脚步，既然是资本市场就要尊重市场配置资源的规律。坚信无论道路多曲折，前途都是美好的，必须滴！

劳阿毛
并购新说

阿毛语录

投资本质是能力和资源的变现。所以呢，投资的本质是钱之外的能力或者资源在通过钱起作用。

对投资逻辑的旁观与琢磨

私以为，投资是世界上最难的职业，没有之一。

要想投资得需要钱吧，钱从哪里来呢？就需要到有钱人那儿去募集。大概意思是听说您很有钱，把您的钱给我管理吧，我帮您赚钱然后咱俩分。实际上呢，多数有钱人管理资金的能力也很强，为什么要相信你呢？通常而言，取得信任最好的方式就是历史业绩，但每个人投资之路都有个开始吧，从 0 到 1 的过程肯定是无比艰难的。

所以我总是在琢磨，那些投资大佬是如何拿到首笔受托资金的？我猜想可能有几种情况，比如有过往平台的背书，比如在公募基金取得过不错的业绩下海的。要么有产业或投行背景，通过以前做事风格和业绩被人认可，通过在其他领域展现的能力被推定为具备投资能力。当然，不排除有人走狗屎运，有很大一坨资金从天而降砸在脑门上……

那么有了钱之后呢？

有人说很简单，花钱谁不会啊？我记得，当初有小朋友改行想做投资，说自己不爱赚钱就喜欢花钱，所以自己天然更适合做投资。我

说，把钱撒出去就完成任务了吗？投资要产生回报的，就是要钱生钱的，没有回报作支撑的投资不叫投资，那叫消费或者是败家啦。估计用消费逻辑来理解投资，可能是最大最常见的误解了。

有人说，募集到资金后安静地收取管理费就好了。我知道，这是在市场充满各种热钱时，很多人组建基金的直接动力。但是从逻辑而言，管理费本质上是投资能力的对价支付，投资人应该是赚取投资的回报，即通过能力赚市场的钱，而不是简单赚管理费。否则就是辜负了受托人的信任而转变成骗人了。

有点跑偏，继续聊投资赚钱逻辑。

有人说，投资就跟种地差不多，春种秋收就可以了，保持耐心安静地做个农民。这句话说得有道理，很多投资大佬也说过类似的观点，但只说了投资的过程而不是内在的逻辑。不是所有种子都能够经历春夏秋而丰收的，选择什么时机、地点和土壤条件等，这些都是技术活。随便扔到水里和戈壁上，最终便很难取得丰收。再说，要是那么容易，人家金主自己就撒了，还能轮到你吗？

有句话说得很棒，投资本质是认知的变现。

我认为更准确的阐述是：投资本质是能力和资源的变现。所以呢，投资的本质是钱之外的能力或者资源在通过钱起作用。这些所谓的资源能力有很多种表现，总之是跟其他人比有相对优势。看到别人看不到的，做到别人无法企及的，或者拥有别人不具备的。总之，投资能力本质是超越其他投资人的对比优势。

以国内私募股权投资市场为例，投资仰仗哪些能力或资源呢？

1. 产业认知能力

基于产业认知带来的价值判断能力，是所有投资能力中最基础的。能够看到别人看不到的机会，或者基于产业周期判断踩到价值低估的洼地，或者基于成长性预测找到有潜力的黑马。简而言之，就是能够有眼光发掘未来的大牛公司，在多数人都不知道的时点介入。当然这是很难的，所以投资是要承受孤独和不理解的。有人说过：人多的地方少去，真正赚大钱的投资机会没有人跟你抢。

但客观讲，国内过往的 PE 投资机构对产业认知能力普遍不足，主要是长久以来证券化套利的钱实在好赚。所以，中国多数 PE 机构的生存法宝不是价值判断，而是证券化退出可行性的判断。似乎只要项目能够上市或被并购，投资就大概率会赚到钱。但这种情况正在悄然改变，那种风控靠保底、赚钱靠套利的时代已经过去，当下是靠价值判断来赚钱的时代。

2. 上市平台资源

上市公司作为融资和证券化平台工具，依然有它无法取代的资源价值。比如，上市公司和股东拥有非上市公司无法比拟的融资能力，可以解决投资所需的资金问题。上市公司作为证券化平台可以给投资退出提供条件，上市公司更容易吸引更优秀的人才等，这些都会成为投资的制胜法宝之一。

最近几年 IPO 发行常态化极大地提升了 A 股市场的证券化率。上市公司的平台资源优势在快速的弱化过程中，早年"得平台者得天下"的局面已经成为历史。在拥抱注册制的大背景下，上市公司会阶段性残留着稀缺资源的平台优势，即上市公司围绕着 A 股进行产业整合和证券化套利的最后些许红利机会。

3. 投行操盘能力

投行的操盘能力也可以作为投资变现的一种形式，这大概也是 A 股所特有的。对很多券商的直投或者并购基金而言，既不拥有上市公司平台又不具备产业认知能力，但是可以辅佐企业对接资本市场，近水楼台先得月而获得投资机会。企业愿意接受券商的股权投资，在某种程度上是希望能够跟券商利益捆绑，谋求在证券化的投行服务上得到优待。

有投资人感慨，在成熟资本市场做投资价值判断是最重要的，其他的都可以忽略。但在中国 PE 投资真的很难，主要是受制的因素太多。在 A 股环境下，除了价值判断外，还要面对证券化退出和股票估值波动两大不确定因素。简而言之就是：投资了好公司也未必肯定能上市，上市后经过禁售期到底股票估值怎样也不好说。投资时按 30 倍市盈率测算收益，真等熬到股票能卖了没准就变成 10 倍了，那真是要郁闷哭死了。

所以呢，投资是很难的。要能找到钱又要修炼出投资能力，但并不能绝对减弱投资获得收益的确定性。不是有钱找到好项目就肯定赚钱，最终还要看市场脸色，说要靠天吃饭也不为过。

作为交易，投资的实现还要考虑竞争因素，若竞争对手不具备投资能力，就采用拼价格的形式竞争，纯粹为了完成任务而投资。对于被投资企业而言，谁投的钱没有差别，没有理由不选出价高的。所以就形成悖论：越没有投资能力的机构对价格越不敏感，越容易获得投资机会，而具备投资能力的机构往往都在看不懂估值逻辑的感慨中败下阵来，嘴里不停地嘟囔着：无情！好残忍！

从受托投资角度来看，受托人投资试错的成本相当之高，如果某只基金赔钱了可能就没有再次募集翻身的机会了。所以有句话叫作投资是人生的最后一份职业，大概意思是说投资比较难，必须年纪大了才可以做。是不是也可以这样理解，投资人大多数以失败收场，因此投行是个很难善终的行业。

故此，投资也注定是少数强者的游戏，无法接受半点的平庸。

阿毛语录

当前 A 股并购操作像极了年轻人搞对象，基本是靠荷尔蒙驱动而缺乏理性判断，系看别人搞了于是自己心痒痒的冲动，重在推倒而没想如何过日子，以爱情名义陶醉着。

上市公司产业并购之山雨欲来

IPO 审核常会因为政策而中断，其堰塞湖现象也让很多排队企业开始考虑并购这条路，尤其 PE 资金退出的愿望非常强烈。同时，市场开始出现了依靠并购成长的诸多标杆公司，不断地通过并购推高企业的市值，起到了良好的示范作用。监管部门已经开始对不同类型的并购进行区别监管，对产业并购基本采用开放包容式的态度。产业并购将引领上市公司并购重组的未来已经成为市场共识。

总之，对产业并购的饕餮盛宴，大家都充满了火辣辣的期待。市场上各种买卖消息横飞，投行转型并购各种疯跑，到处都是"你快来啊"的使命召唤。上市公司更别说了，要是没有啥并购需求，出门都不好意思跟人家打招呼。但跟需求繁荣相比的是交易数据暂时滞后，预期中的高潮还在酝酿中。

到底是山雨欲来风满楼，还是树欲静而风不止？产业并购从驱动到诉求再到交易，这个逐步发酵的过程到底需要多久，监管政策和市

场环境乃至金融工具需要怎样的配合，当下产业并购酣畅淋漓之路的开启到底需要哪些突破？

一、IPO 诱惑依然存在，卖方接受并购是个艰难的过程

从卖方角度而言，被并购只能是可选择的方式，只要 IPO 还有一线希望就很难束手就擒。对于企业尤其创始人股东而言，被并购意味着要卖掉企业，其收益跟 IPO 无法相提并论，前者是把企业当孩子养当猪卖，后者是我的地盘我做主。企业能走到材料申报已经历尽千辛万苦，来到西天就差一拜了，自然不会轻言放弃。故此，"都可以探讨"说得很多，真正践行少之又少。

尤其最近几年，在注册制改革的大背景下，IPO 总体政策处于相对稳定和常态化。科创板和创业板注册制降低了上市的硬性盈利性指标，对于有硬科技属性和新兴行业的中小企业的 IPO 大门又重新打开且拓宽。对于很多优质的中小企业而言，独立上市依然是证券化的首选路径。

二、PE 投资有退出驱动，但尚无法掌握绝对主动

作为拟上市公司的财务投资者，PE 投资对于产业并购有着更为迫切的现实需求。有些 PE 投资者能够对创始人的战略抉择有些影响。但

是多数时候PE和企业创始人更像半路夫妻，一个被窝两个心眼。当前，拟上市企业的PE资金都是前几年最火的时候投进去的，成本高导致对并购期望值高。另外，PE股东在企业相对弱势，PE可以煽风点火但通常左右不了大局。故此，对于产业并购而言，PE投资的途径更多不是为了结构交易，而是了解标的公司是否有被并购的价值，甚至只是为了能够找到对方老板。

三、高额税负苦不堪言，预期收益镜里看花

产业并购对于上市公司而言是发股购买资产，对于卖方而言则是通过资产认购股份实现证券化。在当前的税赋制度下，产业并购的税赋成本还是很高的，通常交易增值需要缴纳所得税，这对于发股并购未进行现金变现的卖方而言，巨额的税负缴纳义务是很难履行的，而部分现金变现可以解决缴税问题，但又会增加上市公司的资金支付压力，让结构交易难度增大。

通常而言，上市公司产业并购需要履行证监会的审核程序，需要以盈利能力来支撑交易估值，而盈利能力又有历史和未来延续的逻辑性。简而言之，若要估值高需要预期收益高，预期收益高又需要历史业绩帮衬体现一贯性逻辑。很多交易会涉及巨额补税的确定性成本付出，但是交易未来是否一定成功以及交易完成后持有股票未来价值几何，均存在较大的不确定性，通常都会令卖方临阵退却，摇头直言算了吧。

四、用做生意的思维去玩并购，上市公司灰头土脸

上市公司并购重组专业性比较强，故此企业拟定通过并购成长战略相对容易，但是实施并购就比较难了。然而上市的企业都是优秀企业，企业家都是成功的企业家，尤其产业并购都是跟行业相关，在企业眼中并购交易就是单生意而已，在并购过程中都不免会有些自负。

由于缺乏交易经验，没有投行参与的并购通常举步维艰。很多交易都是上来就谈价格，咬牙切齿谈了好几个月价格终于达成合意，却发现股价上天了。于是明白了原来发股数才是最重要的，然后就开始谈发股数，股价上下波动也不好谈，交易很难达成。就算价格双方都认可了，评估师进场发现根本评不出来，又开始重新谈直至最后评估师可以接受了。大家皆大欢喜准备开干了，投行和律师进场发现合规性有问题，费了牛劲搞定了合规性问题，发现某高管又涉嫌内幕交易，等高管换了准备启动时，交易对方老板又因病住院了……

有经验的投行会先判断交易是否具有可行性，在此基础上再协调双方进行商业条件的交换，过程中间也会对双方预期进行管理，做到利益平衡并兼顾监管取向等细节。当前上市公司不太认可专业机构服务的价值，当然也跟现阶段投行在并购方面的能力偏弱有关。在上市公司眼中，投行不过是在荣大快印弄材料的工匠而已，无论是上市公司还是投行对并购专业能力也在摸索提高中。

五、买方沉迷虚幻交易优势，缺乏对交易理解

对于上市公司而言，交易价格是眼前利益，而并购战略的实施是长远利益。故此诸多成功案例多年以后回头看，交易价格没有当初那么重要。尤其对于以发股进行产业并购更是如此，交易价格高低并不是唯一因素，还要看发股价，因为二者决定了支付股份的多少。支付股份多少最终影响原股东股比摊薄程度。

但是作为买方的上市公司很难对并购战略和交易有过深的理解，同时在 IPO 堰塞湖下也容易沉迷于交易上的心理优势，把自己当成救世主。每单交易都希望能够沙里淘金捡到大便宜，最终极容易耽误了并购的最佳时机。并购标的卖方接受并购本来就有难度，针对 IPO 已经降低了预期，但上市公司还在奢求地板价，甚至在等待对方咽最后一口气，结构交易利益博弈平衡绝非想象中那么简单。

六、中小企业是并购主力，对并购标的选择范围窄

从并购主体的驱动力分析，上市不久的中小民营企业并购重组的意愿最强，需要通过并购重组解决公司成长性问题，同时也需要并购增加企业盈利能力来支撑高股价和高市值，高股价也让企业有动力去进行股权支付，进行对外并购扩张。

对于该类企业而言，并购标的要求其实很高。因为上市公司总体

市值不大，若收购标的过大会导致控制权旁落或持股稀释严重。但是因为股份支付涉及发股需要证监会审批，若标的规模较小又不太值得履行审批程序。同时被并购标的在产业上跟上市公司还需要具有相关性。这是当前产业并购标的公司选择困难的根本原因，需要产业相关和规模合适，要在此基础上达成交易并且完成审批。所以，那些通过并购成长的公司每年都在不停地寻找合适的标的，但真正能够走到交易的少之又少。

七、监管单边保护及商业干预依然存在

尽管目前上市公司并购重组的监管已经体现了部分的差异化，针对产业并购的规制与审批逐渐市场化，但产业并购与其他并购类型均在《上市公司重大资产重组管理办法》（以下简称旧重组办法）中进行统一制度性约束。该法规尚保留有对于中小股东的单边利益保护倾向，某种程度上还是增加了产业并购完全市场化博弈的难度。

《上市公司重大资产重组管理办法》（2020年）规定了盈利预测的承诺及补偿要求，后续虽然法规取消了盈利承诺的硬性要求，但操作实践中盈利承诺与补偿也非常之普遍。此种交易安排本质上是对上市公司并购重组中购买资产的高估值进行了法规上的约束。对于产业并购方而言，相当于上市公司只赚不赔，而对于被并购方而言，通常都是取得上市公司非公开发行股票。其持有股票的价值在一定锁定期后需要面临市场下跌的风险，同时还需要对标的资产的后续及盈利承担

责任，这成为产业并购交易难以达成的最重要因素。

成熟市场并购大量依托资本市场，一个非常重要的原因是有股票、现金以及认股权证、可转换债券等金融工具的存在，这些支付手段可以灵活高效地组合使用，进而平衡交易各方不同的利益诉求。虽然在目前的资本市场，股票、现金作为常规并购重组支付手段被频繁地使用，《上市公司重大资产重组管理办法》（2020 年）对于灵活的支付工具预留了空间，新型并购支付工具——定向可转债也正式在赛腾股份并购案例中实现突破。市场可以使用的支付工具越来越多，方案设计的灵活度也越来越强。

对于上市公司并购尤其类似发股购买资产的行政许可，监管部门在审核过程中除了关注合规性和信息披露充分性外，对于估值合理性、预期利润可实现性及后续整合效果等商业条件或者安排，也会有诸多的关注。其实，并购重组本质上为商业行为，在审批层面对商业条件的关注与干预会增加企业并购的操作难度，有时也会因为监管的习惯性谨慎而对某些合理的并购交易形成"误伤"。

八、市场缺乏足够多的专业并购中介

原有国内券商的投行主要是做通道业务，对于监管取向和规范性的把握是长项，对于市场化交易过程中的方案设计、利益平衡甚至融资安排缺乏操作经验。所以在投行转型过程中，大家都在转型做并购项目，不停地交换着各种交易信息，各种不停地跑马圈地。在诸多买

卖信息中努力地进行着斡旋和撮合，但是成效甚微，不仅会打击自信，甚至会怀疑人生。

中介队伍的成熟度也是市场需求的产物，但是确实需要一个过程。把并购的服务简单地看作买卖信息的交换，或者简单地把双方牵到一起来碰运气，这些都不是专业成熟的做法。并购中介最核心的竞争力有三点：首先是对某特定行业的深刻理解，知道谁需要谁，谁跟谁有戏；其次是对交易有感觉，有平衡交易的经验，知道如何设计方案并引领双方沿着共赢的方向前行；最后就是资金优势了，能够在并购中提供融资服务，在资本的撬动下让不可能的交易成为可能。

阿毛语录

并购对企业到底有啥好处，其实跟买牛差不多，若因为价格很低可以倒手赚钱，叫价值发现；若判断牛很快会长得更肥，叫分享成长；若买家有车配成套拉货，叫产业链协同；若故意挑个骨瘦如柴的买，同时神秘兮兮地对外说体内可能有牛黄，叫市值管理。

创业板产业并购驱动分析

上市公司产业并购日趋火爆，曾经创下同时停牌数几百家的壮观场景，似乎上市公司老板要是不整点并购自己心里都过意不去。尤其在创业板更为明显，也出现了基于并购催生的大牛股。从创业板设立定位而言，应该是新经济新商业模式的孵化板，但现在差不多被玩成了并购的整合板。以创业板为代表的产业并购为何如此被追捧，其中驱动并购发生的深层次原因在哪里呢？

一、企业基本面：IPO 求入门，并购求发展

首先，我们总结和思考下中国长久以来的 IPO 发行体制，中国企业实现上市不是市场选的而是监管选的，公司能否上市并不取决于股票是否被投资者追捧，而是取决于是否能够通过发行审核。大家耳熟

能详的京东、百度、阿里及腾讯等都在海外上市，其实 A 股对轻资产高科技的股票估值远远高于其他市场，这些公司很好但仍不符合 A 股发行条件。所以，当前无论是监管还是市场都在总结和思考国内的 IPO 条件到底是否足够科学，这也是注册制推出的很重要的背景。

基于过往偏管制的 IPO 发行体制，中国 A 股上市公司基本都有几个特点：首先是集中在偏传统的行业；其次是商业模式比较简单，门槛也比较低；再次是通常规模不大但是细分领域的龙头。而这些上市公司特征与审核体制下的 IPO 筛选机制是密切相关的。

这些公司因为比较传统和商业模式简单，所以比较容易被监管部门看懂，体量较小也容易规范，所以审核风险较小。从行业而言，很多上市公司由于业务范围比较窄，天花板比较低，成长性并不好；从规模来看，上市公司可能规模不大但成立时间不短，已经过了高速成长期而进入平稳期。按理来说，创业板上市企业应该是高成长高风险的，有可能会成长为真正的巨无霸，当然也可能多数都会死掉，但是很遗憾，中国的发行体制并未选出很多有朝气的青壮年，而是选出很多白雪公主的好朋友小矮人。

当然，很多缺乏成长性的平庸公司，为了彰显自身竞争力，创造出极具有时代特色的名词——细分领域的龙头。

个人观点，细分领域的龙头其实是个伪命题，龙头就意味着高大上且领先，而细分领域的龙头多数都是人为制造噱头，比如阿毛哥也可以被定义成办公室里海城籍最帅的男人。偏传统的细分领域的龙头企业，上市之后必然成长乏力。在上市过程中做了很多功课，比如募

集资金项目到底是为了上市还是为了企业发展，上市后几十亿元资金
到账后就不知所措，因为募集资金用来加强主业已经不是企业利益最
大化的选择了，这些企业必然要面临转型问题，而此时并购就是相对
比较有效的手段。

IPO 审核制下，上市对企业的经营业绩要求非常严格，不但要求连
续几年盈利，而且要求业绩必须持续增长，所以现实中很多企业业绩出
现下滑就得撤材料回家。但是这些企业为上市投入了巨大的成本，包括
请各路中介机构、各种补税和各种规范性等。有些公司本来是可以有些
长远布局的，在当前体现业绩并非企业商业利益最大化，可能更需要加
大研发和占领市场等，但是最终为了上市必须为短期利益服务。

所以，经常会出现的一个现象就是企业上市后业绩出现下滑，企
业的发展好比跑马拉松，但是在出发后 100 米有证监会在那看门掐表，
不能持续加速度就必须出局，撞线后的减速即业绩下滑也是大概率事
件。拟上市企业好比女人，将自己最美的几年青春献给了发行审核，
之后年老色衰也在所难免。为了避免业绩下滑带来的市场负面影响，
有些上市公司必须解决内在危机，能解决问题的强身健体更好，短期
能美容化妆遮丑也算收获。而解决这些问题的关键手段，就是并购！

二、生存环境：内生式成长求稳，外延式扩张图快

企业成长有两种途径，一种是内涵式成长也叫内生式，另一种就
是外延式扩张即借助并购方式成长。内生式成长就是苦练内功，比如

增加研发投入、节约成本、扩大生产规模等。外延式扩张即并购，也分几种，比如为了增加市场占有率的横向并购，为延长上下游产业链的纵向并购，以及进行相关多元化甚至转型式并购等。

通常认为，内生式成长是低效率但低风险的，并购式成长效率高但风险也高，因为并购要面临外部交易与博弈，要面临出价过高，遭遇黑天鹅及后续整合风险等。不过，民营企业生存环境相对艰难，企业内生式成长也需要面临某些不确定因素。一方面，企业发展面对知识产权保护不力的问题。尤其对于科技含量比较高的企业，知识产权保护不到位将是非常致命的，意味着企业投入大量的资金成本，耗费了人力物力、经历了漫长时间形成研发结果，满心欢喜转变成经营成果准备大展宏图的时候，最后发现居然是山寨的天下。所以有人说我们有些企业比较急功近利非常浮躁，这跟整个市场环境有直接关系，并非企业家血管里缺乏道德的血液。另一方面，并购式成长在效率方面有不可比拟的优势。内生式成长虽然稳健但效率比较低，比如投入研发形成产品需要周期，产品实现销售最终体现在报表上也需要时间，而且还需要让资本市场投资者关注并体现在股价上，这个周期可能需要三五年甚至更长的时间。中国经济高速发展且瞬息万变，资本市场三五年时间真的好久，谁都说不准政策面和市场到底啥变化。这种时间周期带来的巨大不确定性，通常是理性的企业不愿意面对的。但并购就完全不一样，可能仅仅签署了一纸意向性协议，股价就已经开始各种涨了。而且可能并购成功了股价涨五个板，并购失败了也能涨仨。并购对企业而言，真是既爽又来钱快，不上瘾都难啊。

三、二级市场：高股价，既是动力也是条件

基于资本市场并购行为的驱动力分析，不能不考虑股价的因素。从二级市场走势来看，这两年以创业板为代表的新经济比较热，市场资金逐渐由传统行业向新经济转移，进而创业板指数不停被推高，而高股价也是产业并购最核心的驱动因素。

首先，高股价必然带来股票卖出和变现的冲动，但是创业板公司很多股票都在锁定期内，即使过了锁定期，大股东通过二级市场大量减持也不太现实。高股价会增加企业扩股融资的冲动，即通过发行股票换回来更多的现金。股票发行的本质也是股票出售行为，只不过不是存量变现而是增量发行而已。但创业板再融资在初始阶段并未开闸，企业只好选择并购模式，即发行股票购买资产。也就是说，上市公司高价发行股票换回来比较优质的资产，同时优质资产对于企业完善产业链和改善财务结构有正向意义，进而催高了公司股价，形成了并购与股票上涨的良性的资本游戏逻辑。另外，并购重组也可以进行配套融资，通过并购及配套融资实现快速成长进而迅速甩开竞争对手，高股价所带来的对并购的促进作用十分明显。

其次，上市公司高股价本质是对企业高成长的预期，也迫使企业必须用高成长来维系高股价。但是上文也说了，基于现有的发行筛选制度和企业面临的大环境，并不是每家公司都在基本面上支持高增长的。现实中创业板的指数持续走高，但对于创业板个股而言简直是冰

火两重天，有的公司因为具有良好的成长性而股价持续走高，也有的公司因成长乏力而股价跌得七零八落。所以高股价带来对企业高成长的期待，也成为企业进行并购维系高增长的动力。有人说企业上市的时候像一瓶啤酒，看着满满的，其实好多泡沫，需要通过并购方式逐渐填实，否则再美丽的泡沫也有破灭的那天。

再次，高股价也为并购的支付创造了有利条件。上市公司用高股价收购低估值的资产，最终会迅速增加企业的市值和股价，这会形成上市公司和并购交易对方在财务收益上的共赢。企业通过并购盈利性资产可以增加报表利润，而企业外延式的扩张和成长能力又会推高市盈率倍数，而上市公司市值是由利润乘以估值倍数而来，并购对于公司市值增长促进是几何式的。另外，对被收购公司的股东而言，通过交易持有了上市公司股票，同时并购交易会增厚每股收益，最终持有的股票上涨是大概率事件，而且可以分享后续上市公司持续并购带来的成长。简而言之，高股价导致的资本市场的高估值，会让并购交易双方能够分享资产证券化收益形成共赢，这也是当前并购热潮最为直接的驱动逻辑。

四、并购监管：市场化改革，势不可当

另外说说上市公司并购的监管环境，既包括规范上市公司的制度，也包括监管部门在监管实践中的价值取向等。现有上市公司并购审核监管基本是接受了关于并购不同分类的认知，对于借壳上市、整体上

市和产业并购采用更具有针对性的监管取向。对于上市公司市场化的产业并购采取鼓励支持的态度。审核效率、透明度及标准化等都有很明显改善。

并购跟恋爱结婚差不多，时间久了会物是人非影响心情，过往审核效率低对并购的成功率是个伤害，长期处于审核状态的并购特别容易失败。比如并购标的公司经营达到还是超过预期，上市公司股票的大涨或者大跌等，都在考验着双方对于并购的耐心和心理预期。所以监管审批效率对并购成功的影响很大，重要性甚至超过审核本身的门槛高低。

从监管尺度和价值取向而言，市场化改革力度也是比较大的。《上市公司重大资产重组管理办法》分别于 2014 年和 2020 年进行了两次修订，对并购重组松绑的趋势非常明显，处处体现着对并购交易博弈的尊重和监管的让位。并购监管不再关注方案本身的条件博弈，而更关注操作程序和信息披露，即从实体正义转向程序正义，从并购到底对股东好不好转向披露得全不全。具体条文体现在诸如要约收购的行政许可取消，发股及估值定价的放开，盈利预测承诺由法定变为自选等。还有就是支付工具的丰富，定向可转债、权证等都可以进行尝试，在充分市场博弈下进一步活跃市场。

其实监管也想得很清楚，并购事关交易双方的实质性商业利益，与其跟着过于操心还不如放手让市场自由博弈。而且，弱化对于上市公司的单边保护其实就是对市场的保护。尽管从短期看，上市公司缺少了博弈的政策拐棍会让既往交易中的政策红利丧失，但是从长远看，

会增强上市公司的价值发现和识别能力，在并购市场的实战经验中练就真本领。简单而言，扔掉了双拐才能跑得更快，不是说了吗，静如瘫痪动若癫痫，要的就是八仙过海各显神通的范儿，哈！

再说说IPO发行制度改革对上市公司并购重组的影响。无论注册制到底什么时候来，发行的市场化改革方向不会变。有观点认为并购的火爆与IPO节奏息息相关，企业无法上市就走并购，规模大的想借壳上市而规模小的选择被并购实现证券化。按照这个逻辑，未来IPO只要开闸，而且注册制降低了上市门槛，大家就都会去选择IPO而导致并购迅速降温。其实，并购发展多年是有其内在的逻辑和规律的，而且也是持续温和放量的过程，这跟整体经济环境、产业结构和证券化率等有关。客观讲，IPO的停发对于并购确实有些促进作用，但并不是并购兴起的根本原因，而是让市场更多聚焦在并购上。包括媒体对并购案例的关注解读，券商投行业务也都逐渐向并购调整，原有通过IPO退出的PE也在尝试并购退出等。

假设注册制真的来了，企业很容易就实现上市了，对于并购是不是毁灭性的影响呢？对此阿毛哥也是持不同的观点。首先，并购是企业产权的交易，其本质跟商品交易的逻辑是一样的，必然越市场化环境交易越会趋于活跃。现在很多企业都想着IPO而不愿意接受被并购，核心原因是IPO发行价非常高，若未来真的实现注册制了，中国企业IPO价格跟境外成熟市场趋同应该是大势所趋，很可能就是十倍八倍市盈率。据统计，在境外成熟市场并购交易的平均价格比IPO高很多，因为IPO发行是参股权的交易，而并购通常是控股权，交易会有控制

权溢价。还有并购本身是私权领域交易，买方更容易为实现战略意图给予交易溢价。所以经常听说谷歌、苹果会花重金买市场知名度并不高、财务状况一般的企业，是因为它内在的价值有可能谷歌、苹果看得到而市场看不到。所以，在成熟市场，无论是创业者还是投资人的成功都不是把企业推向 IPO，而是把企业做大之后高价卖掉。故此，中国 IPO 注册制放开后必然会迎来中国真正大并购时代。

当然，市场化并购对投行也提出了更高的要求，因为并购的主战场在市场而非监管，需要投行更具备市场化的各种能力。包括对行业更为了解，能够进行价值发现，而不单是对监管审核的政策把握。投行也需要对交易有深刻理解，能够在撮合交易中成为主持人而非旁观者；也需要有资本介入买方业务，由咨询顾问转向交易参与主体，就是所谓的要想富钱铺路。所以，投行在此过程中也要面临全面转型，关键是从监管合规转向市场需求，当然可能过程会经历阵痛甚至很多人被淘汰，但还是要相信明天会更美好！

阿毛语录

　　并购交易跟逛街购物很像，浪费不是高价买了有用东西，而是图便宜买了不该买的。故此每单并购交易多年后再回头看，当初的交易价格都没有想象中那么重要，交易的成败在于买了没有，而不在买的价格高低。

产业并购误区之女人逛街心态

　　并购是市场永恒的话题，上市公司老板们都摩拳擦掌跃跃欲试，冲动且纠结着。中国上市公司很年轻，企业家也很年轻，很多都是揠苗助长式地一路走来。坦诚讲，在中国能把企业做上市的都不是等闲之辈，但是并购是需要面对的新课题，没有谁天生就是成熟且完美的交易人。

　　产业并购跟女人逛街有些类似，本质都是一桩交易，但是也有很明显的不同，成熟的产业并购应该是战略驱动型，而女人逛街都是随机娱乐型的。女人逛街主要在于过程带来的愉悦，而产业并购最终是要用结果来说话的。之所以把两者相提并论，就是因为产业并购最常见的误区是忽略交易的复杂性，采用女人逛街的心态来进行操作。

一、完全的机会主义，不知道自己想要啥

女人在逛街之前通常不会过多地去想买什么，可能会认为自己缺双鞋子啥的，这仅仅是逛街的启动程序而已，最终猛逛了一气没准只买了条丝巾。产业并购中有些案例也是如此，企业并没有太清晰明确的并购战略和策略，对于标的公司的选择也没有固定的标准，基本上属于走走逛逛，挑挑看看，兴趣很广，询价很欢，但绝对都是机会导向型而非战略导向型的。当然也有叶公好龙的，真的当交易机会摆在面前时，既犹豫又恐惧，甚至不知所措，进而逃之夭夭。

产业并购需要深思熟虑的战略作为支撑，若没有想好宁可别动，也不能漫无目的地逛街愉悦身心，陷入不合适的并购劳神伤财，甚至让企业误入歧途。

二、交易条件导向，遇到打折就兴奋

产业并购很重要一条就是要买到适合自己的东西，价格倒是其次，至少不像想象中那么重要。如果碰见特别好的标的，价格贵点也没有太大关系，总强过贪便宜而买到垃圾货。尤其对于上市公司而言，并购既是买也是卖，因为最终并购体现的协同和成长性会反映在股票价格和市值上。

实践中，对价格过于敏感甚至总想天上掉馅饼占大便宜的企业家

还真不少，交易心理跟女人逛街见打折就兴奋很相似，不肯放过能够任何低价交易的机会，而忽视标的和交易是否符合自己的战略，见到价格而忘记了战略，不是战略导向而是便宜导向了。

三、重博弈而轻共赢，将砍价进行到底

交易中对价格的过分敏感还体现在交易价格博弈上，跟上面说的看到价格忘记战略不同，砍价本身是有快感的，能够给人带来博弈中胜出的愉悦。不是说在交易中必须要当冤大头，必须无条件接受对方的报价，而是要对购买的东西有价格判断能力，另外就是一定要创造共赢。因为并购交易的支付方式多数为股票，本质上是基于资本平台的合作，说得直白点以后还是要共事过日子的。交易过程中对方真的含泪大甩卖，要么是个陷阱要么并购过程很艰难，只要对方卖得不那么痛快，就容易在过程中犹豫，当别人给了更高的价格就移情别恋。

女人逛街时，面对要买的东西心里多是缺乏真正的价值判断的，但特别钟情于讲价。讲价本质是人类自私性的体现，不管你开价高低，我的最终目的就是要战胜你，让你用吐血的价格来成交，甚至用各种的心理战术，动辄就以算了相威胁。砍价带来的是最本能的快感，所以很多女人不愿意去商场而更喜欢去批发市场，而且有个词好像叫作"淘"。

四、迷恋新款，贪多逐热

产业并购本质上跟投资很像，其实市场每天都在交易，并购机会永远都在。很多企业在并购上操之过急，颇有快马加鞭赶超英美的豪情。其实这也是浮躁的表现，中国证券市场才多少年，产业并购的兴起才不过几年。你不是总说要做百年老店吗，刚落后三年就着急得不行。所以，很多上市公司同时谈好些标的，经常会要求一次停牌收购几家，显出很气吞山河的样子。

其实，多单交易并行操作难度是很大的，每单并购的特点和难点都不同，多单并购同时操作的难度必然是呈几何级增长的。牵一发而动全身，在操作进展上也需要彼此兼顾，在完全动态规范的过程中，无疑增加了太多的不确定性。而且几个标的之间也容易争风吃醋，类似为啥我的估值比你的低，为啥你能进董事会而我不能，为啥给我支付的现金少等。最后好端端的并购大戏因为勾心斗角而变成了后宫情仇。

另外就是追新逐热，就跟女人逛街必须要见到最新款才罢休差不多。今天追手游明天看影视，过两天又整互联网金融等，其实很多东西是不那么容易驾驭的，历史告诉我们，投机性质的并购必然是一地鸡毛。就好比过分追求时髦的女人多半是肤浅的，不服哦，有本事来打我啊，哈！

五、股票支付和刷卡不算花钱

不得不说很多销售的伎俩对女人一概有效，所以有观点认为，刷卡不仅是银行支付的变革更是消费的划时代革命。让人在消费的时候摆脱了唰唰数钱的心疼感觉，让逛街购物变成只有愉悦的狂欢。

对于上市公司并购而言，股份支付也容易让人产生错觉，尤其是市盈率的高股价支付，感觉好像买东西不用钱。其实，对于成长性预期良好的公司而言，股份是比较贵的一种支付方式，除非股东或者公司认为自己股票严重被高估，在并购支付中应该比较吝惜自己的股票才对。并购若采用现金支付，无论现金来源于自有资金还是举债，钱是能够赚回来和偿还的，但是扩容的股票是永远也收不回来的。

六、自欺欺人，沉迷反周期操作

有些女人比较喜欢精打细算，故此喜欢反季节购物，比如冬天买裙子夏天买羽绒服等，因为这个时候价格都比较实惠。很多女人不是不在意款式，而是感觉自己对流行趋势有判断力，能够反季节买到既便宜，未来还能流行或者至少不过时的东西。但是通常的情况是到了该穿的季节发现已经过时，其实是更大的浪费。

产业并购中对于反周期操作不是说不行，但是前提也是需要对行业周期有比较前瞻性的判断，但这个是非常需要功力的。投资中有句

话叫不要跟趋势做对抗，其实也同样适用于产业并购。实践中有些企业总是怀着抄大底的心态，哪个行业差就去买啥做储备，最后买了一堆垃圾，还没等到周期反转就死翘翘了。

七、重交易而轻搭配与整合

有人说，女人对于购买衣服的喜欢热度，从付费完成后就开始下降了。女人每每收拾衣柜的时候都感觉非常惊讶，怎么自己居然还买过这件衣服，而且这么难看的衣服自己当时是如何千挑万选买回家的，越想越恶心，但仍然不耽误继续不停地买，不停地囤积，甚至买回来也不知道该如何搭配，时过境迁而束之高阁。

产业并购也如此，企业家在成交那一刻是非常有成就感的，举着红酒杯看着股价飘红，小肥手往肚皮上一放，非常满足。这时候投行和中介拿钱走人了，其实真正的并购才刚刚开始，就好比恋爱和蜜月期结束了，柴米油盐锅碗瓢盆的日子开始了。而且并购整合这事其他人也帮不上忙，只能由企业家独自面对。若仅沉迷交易而轻视整合，其实是舍本逐末容易将终残局变成惨剧，切记！

阿毛语录

　　很多人认为借壳关键在壳，上来就问：有壳没，安排几个谈谈？这是极外行的套路，壳不在谁手里而在市场上，若资产具备借壳条件则交易机会大把，若自身条件不行谈也没用。好比男人找老婆，自身学历房子工作准备好，自然靓妞多多，看重单身女孩信息和相亲机会的，实在没啥前途。

借壳，想说爱你并不容易

一、借壳企业盈利要求——很能赚钱，必须的

　　目前借壳交易多数采用发股购买资产的方式进行操作，伴随着拟借壳企业的资产证券化的同时，完成上市公司控制权的变更和资产的间接上市。因为涉及对现有上市公司的重组改造，故此相比较独立IPO而言，借壳对企业的利润要求高得多。实践中通常要求企业利润必须是过亿元的才具有可操作性。

　　首先，借壳资产必须有足够的利润才能支撑足够的交易估值，使得在交易完成后形成对上市公司的控股。在A股中能够成为壳公司的市值少说也得10亿元，通常借壳后实现对上市公司的控股就要求借壳资产估值超过10亿元。若按照市场通行的十几倍PE估值水平，反推

借壳企业的盈利能力应该至少过亿元，否则就会陷入巧妇难为无米之炊的困局。

其次，盈利能力也直接跟借壳重组后的效果相关，重组后上市公司的总盘子会增大，利润过低根本无法满足重组后的每股收益的要求，要么从交易的角度无法实现壳公司原有股东市值增加的利益诉求，要么从审核的角度因重组效果不佳而难获审批。简而言之，赚钱少的企业免谈，要么股东不干，要么监管机构不干。

二、借壳企业规范性要求——不规范不行，太规范也不行

从交易成本而言，借壳因为涉及与上市公司原有股东分享权益，属于为获取上市地位的权益无对价摊薄操作，故此借壳上市的成本是比较高的。但是企业之所以愿意选择如此高的上市方式，通常都是有自己的考虑。除了有些企业从时间成本角度出发不愿意等三年之外，多数的企业是不愿意面对 IPO 相对苛刻的审核的。多数借壳企业的规范性多少都有些难言之隐。否则，也不会轻易接受高成本的借壳上市方式。

但借壳操作也需要依照重组办法履行监管机构的审批，尤其重组办法修订后对借壳上市的监管趋严，从与 IPO 标准的趋同到等同。使得对借壳企业的规范性门槛也越来越高，比如之前连续两年盈利即可，目前按照 IPO 企业的申报标准就提高至三年连续盈利，而且在审核过

程中要逐条对照首发办法确定是否符合 IPO 条件。

所以，单单就规范性标准而言，能够操作借壳的企业绝对是十分小众的，太规范了企业不愿意去借壳而去 IPO，太不规范了无法通过借壳审批，因此合适的重组方非常有限，一句话，高不成，低不就。

三、借壳资产的动态规范——边上轿边扎耳朵眼

并购重组涉及与上市公司交易，故此无论是交易还是审批都有很强的时效性。首先，并购重组通常需要上市公司停牌，主要防止股价异动给交易带来的不确定，即需要通过锁定发股价格来固定交易核心条件。但根据现行停牌规则，上市公司发股购买资产的停牌期限最多10 个交易日，这对借壳交易的预案披露提出了很高的要求。其次，重组预案有 6 个月的有效期，过期股份非公开发行锁定价格作废。而相对于预案的入门标准而言，需要在 6 个月内按照正式方案的标准履行董事会的召开程序，包括借壳资产的规范梳理和审计评估的完成等。再次，若借壳资产属于周期性行业，借壳操作的快慢可能会影响到估值、盈利水平，进而影响方案的可行性。比如业绩好的时候需要满足加期审计等程序性工作，等加期审计完成具备申报条件时又遇到业绩下滑，反反复复地折磨死人。最后，借壳启动后，因为涉及二级市场股价影响，基本上就是开弓没有回头箭，只能沿着程序往下走，若因规范性问题导致借壳失败，会引发二级市场股价的大波动，无论对于公司还是中介而言，都是非常丢名声的事情，甚至会因为涉嫌"忽悠

式重组”而被监管追责。

故此，借壳很多规范是边履行程序边进行的，动态的规范对中介机构的经验要求非常高，规范也是合规性与时间表操作及规范成本的动态平衡，加之相对紧迫的时间周期内必须完成，难度自然不小。借壳规范跟 IPO 规范的最大差异在于动态与静态的区别，IPO 好像是一部电影，可以慢慢拍摄而且可以剪辑，甚至使用特效。但是借壳重组更像是一场舞台剧，而且边演边化妆甚至还要改台词，而且不能出现重大演出事故。

四、壳公司问题多——“净壳”梦难圆

因为借壳属于财务性并购，意在实现间接上市，故此对于借壳方而言多数希望能够实现净壳操作。而对于 A 股上市公司的监管要求，净壳只有通过重组的资产置换或者剥离才能形成。但净壳的剥离涉及现有上市公司的资产负债、业务、人员等处理，其中债务处理最为关键，通常难度也最大。负债剥离需要债权人同意，而对于债权人而言，负债保留在上市公司内相对安全，而且负债的剥离通常需要给予更强的偿还保证才能够实现，因此在净壳剥离中与债权人进行的谈判都异常艰难。

在操作实践中，有两类上市公司的净壳剥离相对容易，一类是经过破产重整上市公司，即通过破产的司法程序来实现大部分或者全部负债的剥离；另外一类就是央企产业整合腾出来的壳，因为母公司实

力强大对债权人协调和谈判能力较强。总之，净壳剥离并非易事，要么借司法力量，要么凭股东实力，除此之外，难！

五、受制于二级市场走势——我的青春"二"做主

借壳重组交易的操作与上市公司股票交易息息相关，甚至二级市场股价的走势会影响借壳交易的成败。

首先，二级市场价格高低决定借壳交易最根本的商业利益安排，当前借壳重组多数采用非公开发行方式进行操作，重组方的持股比例一方面决定于重组资产的交易价格，另一方面就是二级市场价格，股价的高低直接决定发股数量的多少，进而决定重组方的持股比例，成为影响交易方案的重要因素。

其次，股价的异动会影响借壳交易的进程，重组磋商阶段二级市场股价异动，会形成市场对交易的倒逼机制，因为重组交易尚未具备条件无法停牌，若澄清无重组则需要承诺在某段周期内不再进行重组。好比男女暧昧要立刻定性，拍拖则立马结婚，否则，几年内不准再恋爱！

再次，重组后的二级市场价格走势会影响股东大会的表决，进而决定借壳重组的成败。多数借壳交易涉及关联交易，要么涉及存量股的转让，要么涉及大股东承接原有资产，在大股东无法表决的情况下，股东大会主要取决于非关联的中小股东态度。尤其在目前网络投票比较发达的情况下，股东的参与度那是相当高。重组后二级市场走势主

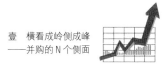

要取决于重组方案的影响，也受制于停牌期间大盘走势等，若股价走势不理想有可能会让流通股东迁怒方案而否决借壳方案。

六、国资与证券监管冲突——猪八戒照镜子，里外不是人

国有企业借壳上市需要履行国资监管审批和证券监管审批，从国资监管审批而言，其理念是确保国有资产不流失，故此对于重组上市资产的评估的审核也相对严格，一般而言是收益法和成本法取相对高值。而从操作程序而言，国资监管在前而证监会审批在后，通常要先过国资委监管这关。尤其对于两种评估方法差异较大的借壳资产，国有资产不流失的监管底线会让估值作价比较为难，经常出现采用交易就高不就低的情况。

国有企业借壳过了国资监管这关后，成功召开股东大会形成决议报送证监会审核。从证券监管角度而言，需要保护中小股东利益，避免重组方重组资产高估侵占中小股东利益，故此对于评估方法选择基本采用孰低原则。证监会的监管理念取向与国资委是完全相反的，差不多好比一个娘家一个婆家。而对于企业或者中介机构而言，国资委和证监会一个也不能得罪，难免左右为难。

实践中，如果涉及国有资产借壳上市操作，若交易资产两种评估结果差异巨大，可能会从根本上构成对交易方案的颠覆性影响。

七、交易意向性协议签约主体——是跟老婆还是丈母娘订婚

在借壳重组交易磋商阶段，通常会涉及交易资产估值、交易完成后股比安排、重组资产后续盈利预测水平等敏感性条件，这些条件通常都是交易方案的核心要素。交易条件达成共识后，需要以书面协议的方式对谈判结果进行确定。通常也是重组停牌进行细节协商或者交易执行的前提条件。

重组意向性协议签署永远是个纠结的问题，若与上市公司大股东签署，存在大股东越权承诺而影响协议效力的问题。简而言之，大股东不能替上市公司做主。若与上市公司签署，则存在信息披露问题和内部决策授权问题。简而言之，未经上市公司董事会和股东会决策，谁有权签署如此重大的协议？协议内容涉及诸多事项无法披露，涉及上市公司信息披露违规问题。

难道上市公司并购重组，都必须以无效协议或者信息披露违规作为开始？这事，作为学法律出身的阿毛哥，快纠结半辈子了，神啊，救我！

八、中介服务能力不够——牌照业务下的艰难转型

对于并购重组的交易参与方而言，并购重组均不是企业的日常经

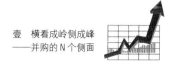

营业务，故此必须在专业顾问的参与下才能够完成。目前国内上市公司并购重组需要履行证监会审批程序，属于券商的牌照业务。借壳交易对于券商投行的专业能力有较高的要求，即要求券商对证监会的审核尺度熟悉，也要求项目经验足够丰富能够应对项目的动态操作，更重要的是对交易方案的利益平衡有所理解。简单而言，必须要买卖双方满意和证监会满意，而且还能在有限的时间内高效地完成项目执行。

国内证券公司的投行更多是在 IPO 项目操作上经验丰富，很长时间以来并购重组都是性价比较低的业务，从业务的复杂性而言要求很高，但是由于融资有难度，券商又难以收费，故此国内精通并购操作的券商不多。近几年随着并购市场的火爆和配套融资工具的应用，更多的投行人开始重视并购重组业务，但是短时间内转型也具有难度。对于借壳交易而言，缺乏足够经验的中介机构也会让操作举步维艰。

所以说呢，若想成功借壳，得找华泰联合，哈！

劳阿毛
并购新说

借壳标准与监管取向再思考

一、法规如何界定借壳上市？

　　其实呢，借壳上市并不是严格的法律用语，即使重组办法修订增加了借壳新规部分，也并未明确地界定与定义，甚至连借壳上市的字眼也未提及。只有交易所相关规则中首次使用了借壳上市说法，在信息披露实践中对其说法也是有所差异，有的称之为"借壳上市"或者"重组上市"，有的称之为"重组办法13条之情形"。

　　对借壳上市的界定都是从控制权和资产注入两个维度进行的，首先是上市公司控制权变更，无论是存量收购还是增量认购，即上市公司换了主人；其次就是资产注入，即收购人将自身业务注入改变了上市公司的主营业务，当然支付方式是现金、资产、发股或者混合支付。

二、为何要界定借壳上市？

2008 年重组办法首次颁布实施时，并未单独界定借壳上市，其系作为上市公司重大资产重组来进行监管的。之所以后续法规调整单独对借壳上市进行规范要求，应该是从监管的角度认为借壳上市有别于普通的重大资产重组。借壳上市与通常意义的重大资产重组区别在哪里呢？若单纯从对上市公司的改变而言，似乎找不到特别确切的答案。只能猜测借壳上市作为间接上市的方式，对资本市场的入门制度及 IPO 门槛形成了调整与威胁。

对于借壳上市的界定与监管可能并非从对上市公司的影响角度来考虑的，更多是基于实现上市的方式进行规范，即从股东或者借壳方角度考虑的。所以才有对于借壳上市的审核尺度从趋同 IPO 到等同 IPO 的说法。但是客观而言，虽然借壳上市也能实现企业上市，从结果的角度跟 IPO 有相似之处，但借壳上市是通过并购交易实现的，其过程与 IPO 区别很大，审核标准的趋同只能是原则与理念的追求，但是若要标准完全等同确实操作难度很大，可以说是种理想化的极致要求。

所以，借壳上市的界定并非市场化的需要，更多是监管为实现其规范尺度而进行的法规调整。但是说到底，借壳上市是种主观意图，所以法规精准界定难度很大，因为要具体到客观行为上，难免有人漏网有人躺枪，而且对于机械的法规标准而言，人为的规避空间是非常大的。

三、控制权变更时限的问题

重组办法在初始阶段，明确了借壳的触发标准，但对控制权变更后注入资产期限进行明确约定，并未采取香港类似 24 个月的界定方式，只要是实际控制权变更后的资产注入达到标准即按照借壳进行监管，可能主要是避免用时间换空间规避监管的情形出现。

从法理而言，借壳新规之前已经取得实际控制权的，当时上市公司总资产较少，后续资产重组都要适用新规有些不太公平，也与"法不溯及既往"的原则相悖。实践中就遇到过极端情况，比如股东在十年前取得上市公司控制权，但是在最近操作股东注入资产的时候发现触发了借壳条款，属于典型的躺着中枪情形。

根据交易所的相关信息备忘录，在控制权变更后无限长时间内，是否构成借壳需要遵循"首次累计"的交易原则。比如上市公司在控制权变更后购买收购人资产累计达到资产指标 99%，再进行资产注入 2% 即触及借壳。该种情形如何进行审核是有难度的，之前交易已经生米煮成了熟饭不可以逆转，但是只审核关键交易的 2% 又意义何在呢？

随着市场各种极端案例的出现，各种专业人士也就该事项进行了呼吁，后续监管机构对重组办法进行了修订，明确了在取得上市公司控制权 36 个月后再进行资产注入，不再界定成借壳。这对于活跃并购市场和增加监管柔性起到很重要的作用，也给市场化收购并整合上市公司操作提供了便利。

四、延伸掰扯下借壳要不要严管

重组办法修改体现了对借壳上市严格规范的监管取向，法规设定的标准颇有些掐死一切规避借壳行为的感觉，尤其在监管实践中直接将借壳等同于 IPO 标准，似乎在传递借壳上市不是登陆资本市场的捷径。有种说法，在监管眼中，IPO 等同于明媒正娶而借壳类似于小三上位，监管就有点不杀不足以平民愤的味道。

其实关于借壳上市与 IPO 的关系，多年来并未搞清楚，因为 IPO 的行政许可逻辑，才有借壳市场化博弈的强有力修正，借壳对资本市场是做了大贡献的，至少市场还能发挥点作用，还能让股民欢迎但通不过 IPO 审核的企业有机会来到 A 股。所以，借壳与 IPO 都是证券化的基础制度，但借壳是股东通过交易实现的，更接近注册制的本质。故此，应该是 IPO 向借壳靠拢才对，而当前要求借壳与 IPO 等同，视借壳为洪水猛兽，其实是整反了。

对于资本市场入门的行政审批，无论是市场还是监管都在思考，尤其是 2014 年注册制正式写进了国务院的报告中，更应该对借壳的监管取向进行思考，对借壳严管的潜台词是：想上市，股东和市场说了不算，得最终审批说了算，就是向 IPO 大哥学习，必须高门槛严要求。IPO 大哥摆摆手说，我这儿改注册制了，以后都是市场说了算，啥门槛不门槛的，哈！

借壳上市虽然不那么肤白貌美但也不是凶神恶煞，是现阶段发行

制度的有效补充而已。借壳上市很长时间是做了现行发行制度和退市制度弊端的替罪羊。对于借壳上市的监管，还是应该尊重市场规律，多采用疏导而不是堵的方式，靠提高借壳门槛是解决不了的。好比粮食管制引发排队，然后严管插队和黄牛，甚至认为是他们引发了粮食供给紧张，因果关系还是值得思考与商榷的。

阿毛语录

借壳上市是更为接近注册制的上市方式。尽管后续也需要监管部门行政许可，但是以股东认可为前提的交易。说直白点，在注册制试点的时代背景下，IPO 应该学习借壳上市的市场化，而不是借壳需要学 IPO 的已经要被摈弃的强管制。

以注册制视角看 A 股借壳操作

跟某研究员朋友做交流，她最近写了篇关于 A 股借壳上市的论文，论文核心观点是借壳上市是 A 股的"顽疾"。看到这两个字时我确实有些吃惊，不太理解借壳上市怎么被妖魔化到如此程度。我开玩笑说自己做了不少借壳交易，没想到自己原来是"顽疾"的创造者，难怪有人说我满身艺术细菌。

就借壳上市的不好之处她说了几条，比如借壳上市本质是监管套利绕开 IPO 审批，借壳上市导致股价异动会滋生内幕交易，还有是因为借壳导致垃圾股价被爆炒，会增强市场投机性和扰乱市场定价功能等。我听了后心里略感沉重，类似对借壳上市的误解听过很多遍，公众投资者、某些学院派专家乃至监管领导都持有类似观点，没想到资深研究员也不例外。

我的观点与她截然相反，认为借壳上市是挺好的事，针对以上几

点，听我慢慢道来。

借壳上市是取得上市公司控制权后或者同时，通过注入上市公司资产方式对其进行主营业务改造，进而实现资产的间接上市。借壳上市能够形成参与者的共赢局面，对于借壳企业而言实现了上市，可以通过持续融资获得企业发展需要的宝贵资金；对于上市公司原有股东而言，借壳提升股价获得投资收益；对于中介机构而言也能够赚到些开心钱。借壳交易让市场欢迎和接受的资产对接到合适的平台，某种意义上也是市场在资源配置方面起作用。

若通常而言，借壳交易是皆大欢喜没有输家，为何会被冠以"顽疾"称呼？

再说下借壳监管套利的事，好像这点总有人义愤填膺，大概观点是企业上市应该走IPO审核，这样可以保证上市企业的质量，相当于国家给你背书了。IPO相当于高考录取根正苗红而借壳上市就是"旁门左道"，所以很多人会认为通过IPO的企业质量比借壳要好。这事需要仔细琢磨下，不可否认IPO确实是主流上市方式，但其实借壳上市门槛更高，不但需要监管审核，还需要以股东交易为操作前提，程序上是先有交易后有审核。说直白点IPO成功只要证监会满意就OK了，但借壳成功需要股东和证监会都满意才行。所以相对于IPO而言，借壳企业的体量要求要大得多，有5000万元利润基本就具备IPO可能了，但是借壳都是几亿元利润才可以。

一句话，对于上市门槛而言，借壳方式因为要体现股东利益和意思自治，筛选出优质企业概率会更大，毕竟相较于监管部门，交易参与者对商业利益会更为关注。

有人可能还会有疑问，目前借壳的审核标准与 IPO 基本等同，说明在监管眼中要求借壳向 IPO 看齐。这里要引出注册制这个词汇了，注册制是什么含义，就是公司上市与否投资者说了算，看似股票发行上市体制的改革举措，其实本质是解决证券市场的资源配置理念。到底是依靠管制还是市场来进行资源配置，注册制的改革也是由行政管制到市场主体意思自治的过程。

从这个角度而言，借壳上市是更为接近注册制的上市方式。尽管后续也需要监管部门行政许可，但是以股东认可为前提的交易，跟 IPO 单纯的行政审批还是有区别的。所以基于此逻辑，从顺应历史潮流角度而言，IPO 市场化改革引入注册制试点是正常的，但更为市场化的借壳上市却要参照待改革调整的 IPO 标准严管就有点逻辑问题。

说直白点，在注册制试点的时代背景下，IPO 应该学习借壳上市的市场化，而不是借壳需要学 IPO 的已经要被摈弃的强管制。

再说说借壳上市对壳公司估值的影响，非常不认同借壳上市扰乱了证券市场的定价机制和功能，这个锅实在有点大啊。说得好像没有了借壳交易，中国证券市场的定价功能就会立马恢复似的。目前 A 股上市公司有几千家，每年借壳上市交易数量十来家，数量几乎可以忽略不计。我认为，A 股股票定价功能不明显跟市场化不够有关系，更何况 A 股股票不等同于小盘股，小盘股不等同于壳股，壳股的价格也并非完全受制于借壳的概率。所以，那些说借壳导致了垃圾股被炒作干扰市场定价功能的，既低估了 A 股又高看了借壳上市。另外很多股

票被炒作是真的，借壳还是高送转仅仅是概念而已，简而言之，想炒作没有借壳概念还可以找其他的。

有人说，限制借壳至少能让小盘绩差公司的股价跌下来，啥业务都没有的上市公司市值居然有40亿元，就应该限制借壳把他们市值打到10亿元以下，老百姓听了后也连忙拍手称快。能否实现股价打压效果姑且不论，我想问个问题，把某些公司的市值从40亿元打到10亿元以下，谁会在其中受益呢？其实细想想，没人会受益就是股民财富缩水了四分之三。也有人说，挤压了泡沫终究是好事，我认为一定程度的泡沫也挺好的，没事瞎挤啥啊，都是费时费力劳民伤财的事，强迫症吗见泡沫就想挤。

简而言之，中国股市目前市场化不够导致定价功能失灵，这个锅扣在借壳上市实在有些冤枉。这好比，全国大龄女青年群体越来越大，主要是因为隔壁小王不积极找女朋所致，逻辑差不多。

另外，简单说下借壳上市与内幕交易的关系。客观而言，作为并购重组中对基本面改变最大的操作方式，借壳交易确实对股价影响很大，所以在借壳交易中确实很容易滋生内幕交易。差不多每单借壳中都会有稽查部门介入，在早年也出现过极端规定只要并购重组有内幕交易就必须暂停，无论该内幕交易是否跟交易各方有关。目前还是桥归桥路归路的原则，涉及内幕交易该抓谁抓谁，但只要不牵扯主要并购参与方就不会影响重组的推进。

内幕交易跟借壳交易完全是两个维度的事情，因为借壳交易容易发生内幕交易而对其进行否定评价也是不合适的。这个逻辑跟地铁有咸猪手揩油就禁止女孩穿短裙差不多。

最后再说下借壳界定标准，重组办法对借壳上市有明确界定，但借壳上市本质上是交易行为，或许从交易动机和商业逻辑角度来界定更为准确。借壳上市是指通过对已上市公司的控制权取得和资产注入操作方式，来实现企业、资产或者业务上市之目的，故此借壳上市操作目的是"上市"而方式在于"借壳"。

作为商业交易行为，借壳本身有很强的主观意图属性，故此客观法规标准很难完全精准契合。有些实质性借壳可以通过变通绕过法规的方式操作，比如先行资产注入后取得控制权等。而有些本身并没有借壳意图的交易而又容易因为触及指标而躺着中枪，比如上市公司产业整合中"小吃大"又如两家上市公司合并情形等，所以仅从重组管理办法界定来理解借壳上市并不准确和全面。

说心里话，比较怀念借壳未同IPO审核相联系的时代，甚至都没有明确的借壳标准界定，而是放在重大资产重组框架下监管的。个人感觉借壳就是重组交易，监管应该从对上市公司基本面和控制权的影响维度来考量更为合适，而不是从对IPO监管严肃性挑战角度出发。有些借壳交易目的是多维度的，也有股东增持或者产业整合的因素，单纯从上市维度来考量是有偏颇的。比如类似三方交易的监管难题，不属于借壳但对上市公司影响更大。个人观点，如果沿袭对上市公司基本面和控制权两个维度来监管借壳，放弃IPO的对比思维，很多逻辑就会顺得多。

贰

并购方案设计

——合规下的利益平衡艺术

阿毛语录

盈利对赌作为 A 股并购重组的常见方案设计，在基本面角度的逻辑性并不是很强，但是基于 A 股并购市场的套利与投机性及监管环境而言，又有某种合理性的因素。但客观而言还是有些扭曲的，并不完全体现出并购交易的风险与收益的转移，以及并购在基本面层面的投资和整合诉求。

对 A 股盈利对赌安排的再思考

盈利对赌是 A 股并购重组中常见的方案设计，基于被并购标的采用收益法或现金流贴现等基于未来收益作为估值基础下，用明确的盈利预测及相应的补偿方式，形成对估值合理性支撑和买家利益保护。要么把没有实现的利润用现金补回来，要么基于估值调整把多发行的股份退回来。大概意思是估值别太吹牛了，未来要是掉了链子，怎么吃的就得怎么吐出来。

盈利对赌在 PE 投资取得参股权中比较常见，核心的逻辑在于投资以被投企业未来收益为估值基础，但财务投资者参股投资后，无法掌控被投企业后续经营。故此，用盈利预测和补偿机制是具有合理商业逻辑的，有利于消除未来的分歧而达成交易。简而言之，保留未来的利益调整机制，才能达成现实的投资交易。

劳阿毛
并购新说

A股并购重组多数都是控股权收购，故此从基本商业逻辑而言，盈利预测及对赌在此类交易中缺乏合理的商业逻辑。控股权让渡对于后续的经营成果及不确定影响，应由收购方来承担，无论是结果超过预期还是低于预期。但盈利预测及对赌在A股并购重组比较常见，其存在的合理性，应该从A股的市场及监管特殊环境下，进行更深的逻辑认知与思考。

早期盈利预测对赌是种制度安排，作为重组办法的强制性规定被应用于交易中，目前法规进行了调整，但法规依然保留了关联并购中盈利预测对赌安排。客观而言，盈利对赌本质上应该是商业博弈的结果，但作为制度安排也算中国特色。核心在于监管对于收益法估值的合理性判断乏力，以及在关联交易中对作价合理性的怀疑，用制度方式形成对上市公司尤其是公众投资者利益的保护。

对于上市公司而言，也比较乐于坚持盈利对赌这种方案设计，核心在于几个维度的驱动因素。首先，作为买家而言，盈利对赌会降低买家对并购标的价值的判断要求，利于买家的决策效率；其次，明确清晰的盈利承诺，会给证券市场传递比较明确的预期，有利于对股价形成有效支撑；最后，因为有盈利预测对赌，某种程度会缓解监管机构对估值合理性的核准压力，有利于并购重组的行政审批。

对于卖家而言，尽管盈利预测承诺更多是对其的约束而非权利，但只有接受了盈利预测对赌交易才可能达成并经过审批，甚至在未来对股票价格形成有效支撑。从这个角度而言，对卖家也并非完全没有好处。简而言之，若交易的实现能够实现双方基于资本市场的巨大共

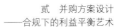

赢，在此背景下的付出及义务承担也是有意义的。

盈利预测对赌对交易达成有好处，但对于后续整合和长远的共赢却未必是正向影响。首先，交易双方基于证券套利带来的共赢，就盈利预测对赌条件上缺乏有效博弈的基础。说简单点，无论买家还是卖家为了后续股票能够上涨，都会产生盈利预测及对赌的普遍性乐观预期，甚至会形成买卖双方的"合谋"，即以"知假买假"的忽悠式重组来坑害公众投资者。其次，并购完成后卖家还需要背着盈利指标，卖家通常都会要求并购后保持企业经营独立性，否则无法区分盈利未达标的责任，导致很多企业并购后无法有效整合，让基于整合协同的很多并购无法发生，简单的拼凑报表的套利式并购大行其道，让并购脱离了最本源的商业逻辑。最后，盈利预测对赌的方案设计普遍代替了收购方的价值和风险判断，不利于对收购方核心投资能力的培养和筛选，无法形成市场基于价值投资判断能力对上市公司的筛选。

另外就是如何看待盈利预测无法完成这件事。其实，只要是对未来的预测，都存在无法达到预期的可能。若对未来是中性的预测，则从概率而言应该是50%无法实现而50%超预期。所以，对于盈利预测必须要实现的要求是不现实的。更何况本身盈利预测在商业层面上已经约定了补偿的方式。尤其是类似2021年这样疫情下，盈利预测的无法完成就更会是常见现象了。

总体而言，盈利对赌作为A股并购重组的常见方案设计，在基本面角度的逻辑性并不是很强，但是基于A股并购市场的套利与投机性及监管环境而言，又有某种合理性的因素，但客观而言还是有些扭

曲的，并不完全体现出并购交易的风险与收益的转移，以及并购在基本面层面的投资和整合诉求。这也是 A 股并购市场不成熟的核心特征之一。

所以，盈利预测对赌是 A 股市场化并购的试金石，哪天盈利对赌被遗忘了，也许就是 A 股并购真正市场化来了。

部分要约收购怎么用

　　要约收购是证券市场常见的股权收购方式，大概意思就是收购人公开宣布个条件，愿意以啥价格买多少股份，有股东能接受并符合预先的条件，股权转让行为就算成交。要约收购也有分类，其中向全体股东发出收购其持有的全部股份的叫作全面要约，通常在私有化中会用到。部分要约通常是向全部股东发出购买部分股份，理论上也包括向部分股东发出的要约，但在实践中类似操作很少。

　　收购人想获得上市公司的控股权，最常见的方式是协议收购，即收购人与对方特定股东进行谈判，谈好了签署协议付钱后交割。也可以采用二级市场举牌方式，通过不断的二级市场增持最终取得上市公司控制权。还有就是采用部分要约收购方式，具体采用哪种还要视情况而定。

　　什么情况下会考虑部分要约收购呢，换句话说，部分要约收购操

作有啥好处呢？

1. 让敌意收购成为可能

通常而言，协议收购是最有效也是最常见的收购方式。但有些例外情况，比如控股股东股权锁定无法交易，出让方开价过高让交易无法达成共识等。也有些公司控股股东没有出让控制权的打算，如果上市公司股权相对分散，通过公开要约方式也可能会实现收购目的，让敌意收购成为可能。

2. 化解多主体博弈的困局

在无法协议收购大股东持有的股份下，理论上也可以同诸多持股相对集中的股东进行协议受让。但同时跟多个股东进行博弈的难度较大，毕竟每家股东的成本不同预期相异，有时候相互之间还有条件攀比，让协议收购操作非常有难度。部分要约收购就相对比较简单，公布好收购多少股份啥价格，愿意接受预售的机会均等，能化解多主体博弈的问题。

3. 成本可控，结果可控

部分要约可以设置收购股份的上限和下限，利于收购成本和结果的控制，这应该是部分要约收购最重要的优点了。比如收购人发出25%的部分要约收购，并约定了15%的下限作为生效条件。就是预售股份低于15%部分要约失败一股不收，若预售股份超过25%则等比例收购，让收购的结果更为可控。

类似安排让收购人对于收购结果的个性化需求，可以通过设置部分要约收购的条件来相对精准地实现，这在其他方式的收购中是难以实现的。比如协议收购对方持股比例高，但要求出售全部股份，这超过了收购人的支付能力和预期。又如二级市场举牌和分散的协议转让，极容易出现花了不少钱但无法取得控股权，所谓"上不去下不来"的尴尬局面。

4.让价格"师出有名"

对于国有收购人而言，收购价格的合理性是国有资产监督管理部门特别关注的，所以收购价格不仅从商业逻辑上有合理性，而且还要为国资审批提供免责依据，这是让投行最为挠头的工作。

比如在控股权协议收购过程中的溢价率，国有资产监管部门经常会问为啥溢价30%而不是20%呢，这个很难回答。又如分散协议受让股份，因为处于股价下行的过程中，股东也会有超过当前市价的诉求。对于国有资产监管审批部门也会关注为啥高于市价来购买股权等。

要约收购价格是有法律规定的，通常是不低于前30个交易日每天加权均价的平均值，尤其对于股价处于下行走势的上市公司，部分要约收购的最低价也是高于市价的。即能够满足股东溢价要约，同时也是法定最低价，让国资的批准"师出有名"，大大增加了方案的交易和审批的成功概率。

5.提振市场信心

要约收购需要履行信息披露程序，成为全市场尽人皆知的重要事

件，体现了收购人对公司基本面和未来股价走势的良好预期，对于提振股价有很强的积极作用。就好比有个默默无闻的姑娘，突然来了个高调的追求者，还有很多吃瓜群众围观评头论足，没准从此就成了风云人物，无论结果如何也算是件好事。

以上就是部分要约收购能够解决的问题，其实还有个很重要的问题需要讨论，就是在目前的市场环境下比较适合部分要约收购。过往A股也发生了很多部分要约收购，但客观而言能够成功收购到股份的不多，主要是因为A股市场有很强的投机性，要约收购对股价都有明显的支撑作用，多数股票在二级市场都很容易卖出，故此选择接受预售的股票比较少。

但是目前A股比较低迷，市场成交量比较小，很多股东可能又处于爆仓的压力下，对于股票卖出的流动性要约很高，而要约收购恰好能满足这种卖出要求。另外，部分要约收购因为超过预售的等比例接受的原因，对股价的支撑作用也并非绝对，所以会有客观上的套利可能。这些因素都让当前的部分要约收购能够发挥其作用，能够真正成为股票交易的手段，这也算A股更为市场化的体现了。

定向可转债对并购重组意义何在

证监会发布了试点定向可转债的意见后，苏州赛腾股份（603283.SH）就发布提示性公告，论证并设计了发行定向可转债及股份购买资产并配套融资方案，首单创新试点由华泰联合来操刀，幸运且自豪。

定向可转债实是介乎于发股和现金支付之间的支付工具。简而言之，上市公司发行定向可转债购买资产时，交易对方在股价上涨时可换股来赚取交易差价，当股票下跌时可以行使债权来规避风险，大大增加交易方案的弹性，有助于消除交易的分歧而让并购重组更容易达成。

之前上市公司并购重组支付工具主要是现金和股份两种，不同的支付方式各有千秋，现金支付对买方现金储备和融资能力要求高，同时交易对方完全变现，也不利于后续整合和税务筹划等。所以上市公司并购尤其是大额交易还是以发股支付为主，但是发股支付也并非完

美，在交易实践中也会有各种分歧，核心在于后续股价走势上。上市公司可能认为自己股份低不愿意发股支付，卖家更担心换股后股价下跌而利益受损。

定向可转债就能很好地解决上述分歧，比如当前股价是10元钱，卖家担心后续股价会跌不愿意换股，可以接受定向可转债作为支付方式。未来三年内有权按照10元价格换成股份，如果股价上涨就可以赚取市场差价。如果股价走势不好低于10元钱，也可以选择持有债权而不换股，未来要求上市公司还本付息。

上述的安排对上市公司而言，可能让之前无法达成的交易达成共识，另外后续对方选择换股赚取的差价也是市场给的，另外股价上涨对于上市公司而言也不是坏事。若股价下跌了后续要支付现金，因为债权上附了可转股期权也可以利息很低甚至不付利息，相当于阶段性低成本做了债务融资。另外，定向可转债也可能利于交易价格谈判，单纯发股购买可能需要10亿元，定向可转债购买没准9亿元就能拿下。

还有另外一种情形，比如上市公司特别想收购某个标的，现金购买吧没钱，想发股吧感觉股价太低摊薄太大，定向可转债就可以有效地解决问题。比如当前股价10元可以把转股价格提高到15元。未来股价涨到15元以上对方换股解决了摊薄问题皆大欢喜，如果股价没到15元也解决了现金的延迟支付和双方阶段性绑定的问题，至少时间换空间这事能有希望做成。

定向可转债作为并购重组的支付工具其实研究也很久了，对于其法规适用也有过争论，比如是否要适用发行债券的标准，是否要参照

公开发行可转债来管，还有附转股权利是否是变相的权证等。个人观点，定向可转债跟上述金融品种区别还是很大，它不是公开发行的产品，也不具备流通性，所以其法律属性更接近债权而不是债券。也可以简单这么理解，之前发股购买资产需要在批文后 12 个月进行股份登记，现在给的时间宽松到三年甚至更久，另外也可以选择不实施换股而选择现金，这事就简单了。

总之，定向可转债体现的是对交易实质和当事人的意思自治的尊重，是有市场化灵魂的好工具，可以让市场更繁荣，让交易更顺畅，让生活更和谐！

阿毛语录

"上市公司 +PE"本质上是装备党思维，无论是上市公司还是投资机构，能力强的对装备不会依赖，能力差的有了装备也没用，更不是啥解决问题的万能药。

为啥说"上市公司 +PE"是伪命题

在 A 股并购最火的那几年，"上市公司 +PE"的实操模式经常被提及。大概意思就是上市公司与 PE 投资机构合作设立基金，然后通过对外系列资产收购后注入上市公司，协助上市公司进行产业整合式的外延式扩张，从而实现上市公司和投资机构的资源优势互补及利益共赢。

这种模式看上去很完美，甚至让人感觉逻辑清晰无懈可击。

很多人好像发现了解决并购资金来源与退出渠道的"金钥匙"，甚至把"上市公司 +PE"模式定义为完美解决"募投管退"的完整闭环创新模式，似乎找到了解决上市公司外延式并购扩张的尚方宝剑。

从并购驱动而言，多数 A 股上市公司都希望能利用并购做大做强，上市公司在对外寻找标的时也会有很多困惑。比如发股需要证监会审批周期比较长，但是现金交易又面临整合压力问题，而且有换股操作又无法享受资产证券化带来的估值套利。于是会有个想法，上市公司或者股东能否现金买下资产后，经过梳理或者培育后再注入上市公司换股呢？

那么问题来了，收购的钱从哪里来？

这时候就有投资机构找上门来探讨合作，说咱们组建个基金吧，我们负责搞钱而你们负责搞项目，拿钱去收购资产然后再注入上市公司，股价上涨后通过二级市场退出，最终咱俩都有利可图。你看，谁谁哪家上市公司搞并购，市值都从几十亿元到几百亿元了，这是千载难逢稳赚不赔的好机会。

用东北话来讲就是，干就完了！市场对此模式充满了热情与期待，各种关于"上市公司 +PE"的公告此起彼伏。

那该模式运行起来效果怎样呢？说效果不太好都是很客气的，基本上就是一团糟，理想总是很丰满的而现实总是相当骨感的，各种被打脸的事情发生了不少。核心问题出在哪儿呢？综合起来就是两句话，一是有钱并不一定能买来优质资产，还需要有价值判断的能力；二是有现成的退出平台并不能保证后续证券化的确定性，因为还有具体条件要平衡和博弈。

简单归纳就是，主要是上市公司和投资机构对于并购投资及退出的条件发生了曲解，把必要条件当成了充分条件，遇到各种挫折也实属正常。基于以上原因，"上市公司 +PE"模式的实际运行效果并不好。

对很多上市公司而言，基金结构搭好了资金也到位了，发现最大的问题是找不到合适的项目，空有屠龙刀而找不到龙。其实核心就是投资能力不够，给了钱也没用。差的项目不敢投、好的项目挤不进去，最终能够投进去的项目都不赚钱，弄得相当之狼狈啊。

如果并购来的资产不好，那么基于并购来实现外延式扩张的逻辑就不存在了，最后资金都打了水漂儿。当然也会因此而闹矛盾，投资机构认为无论投资效果如何，都得跟上市公司换股保证投资机构的退出。上市公司说项目投砸了我还注入，你当我真是接盘侠啊！于是就各种吵架甚至对簿公堂。

那么，如果并购的资产很不错，无论是性价比还是成长性都达到预期，是不是后续注入就会很顺畅了呢？其实不然。

项目不好大家会对注入与否有不同的观点，若项目好大家会在注入的条件上产生分歧。上市公司或者其大股东与投资机构在合作初始时，把酒言欢眉来眼去的刘关张桃园三结义，后续在资产注入时大家成为谈判桌上的对手，就各种横眉冷对剑拔弩张甚至摔杯子摔碗，变成鲁达拳打镇关西了。

比如，就注入时点这事，上市公司希望能在高股价时注入避免股份被摊薄，但投资机构可能更倾向于在低股价时操作以换更多的股。

在资产作价上，上市公司希望能够打折操作，既有利于监管审批，同时也给二级市场留有空间。因为上市公司也好股东也好，利益不仅在资产端同时也在股票端。但投资机构利益点只在资产端，好不容易投资了还算不错的标的，凭什么打折让利啊，必须按照市场价来走！上市公司会说，若购买资产按照市场价操作，我还费这么多劲扯这臭氧层子嘎哈啊，我直接向市场第三方买不就得了。

所以，在实务操作中，"上市公司+PE"模式举步维艰，大多数搞不到好项目，少数有项目凑合后续退出也是难题，鸡飞狗跳相互谩骂，

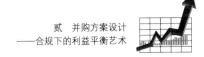

场面那是相当之"温馨"。有人质疑说阿毛哥净瞎扯，把上市公司和投资机构说得如此狼狈不堪，难道上市公司的投资能力这么弱吗，后续退出利益平衡就这么难吗？

怎么说呢，水是有源的树是有根的，出现这种情况也是有原因的。通常以"上市公司 +PE"模式合作的参与方都是"弱弱组合"，即上市公司和投资机构都不咋地。

如果是投资和并购能力很强的上市公司，在具体并购项目中同步实现融资的能力就很强，并购前先行搭建基金解决资金的必要性不大。如果资金方很强，也没有必要以退出平台为条件来进行募资，因为用退出来保障投资和资金募集，只能说明投资机构的能力太弱了。

再说下此种模式能够合作的动因。

当然善意的解读是因为专业认知比较差，上市公司和投资机构高估了此种模式的有效性。双方基于非专业认知而达成共识，有点像病人与病人在探讨病情。

也可能有其他考虑。对上市公司而言，并购市场火爆特别希望能借助并购实现股价上涨，但是短期又没有条件和能力进行并购操作，于是设立并购基金可以向市场传递积极的信号。

有点像看别人都娶媳妇好生羡慕，自己短期又找不到对象，于是就弄个童养媳来充数。对于有些投资机构而言，跟上市公司合作就可以描述成退出有保证，利于市场募集资金，于是乎就可以安静地收管理费了。从恶意动机推测，上市公司为了忽悠股价，投资机构为了收管理费，形成了"上市公司 +PE"的另外一个维度的利益共赢基础。

从交易数据验证来看，这种模式的效果确实并不好。虽然并购交易和整合成功率本身就不高，但"上市公司+PE"模式的成功率更低。另外上市公司设立并购基金规模也越来越小，跟早期规模动辄几十亿元甚至百亿元相比，市场甚至出现了千万量级的并购基金。千万量级的并购基金，基本属于行为艺术了，不过也从一个侧面说明，此种模式的功能性越来越不被市场认可。

客观而言，此模式也并不是完全一无是处，但是单纯依靠该模式是解决不了根本问题的，最终解决问题的都是能力而非条件。这么说吧，"上市公司+PE"本质上是装备党思维，无论是上市公司还是投资机构，能力强的对装备不会依赖，能力差的有了装备也没用，更不是啥解决问题的万能药。有点像踢足球，没事多练练球技，别穿了件10号球衣，就感觉自己是球星了。

阿毛语录

借壳交易能够识别壳好坏非常重要，但还是要考虑自身条件。章子怡和林志玲漂亮谁都清楚，但并不是每个人都能娶到的。借壳的操作目标并非找到最好的壳，而是选择最为适合自己的交易。

如何评价壳公司的优劣

借壳上市是指以获得上市平台为目的的收购与重组，核心特征是上市公司的控制权和核心资产业务均发生了改变。目前监管法规里面对借壳上市的界定有两个标准，标准一是控制权发生变化后 36 个月内，标准二是资产注入超过上市公司系列财务指标导致对上市公司基本面有重大影响，主要涵盖总资产、营业收入、净资产、净利润、发股比例和主营业务是否调整等诸多事项。

借壳上市操作有两大核心要素：一是借壳的资产，要求具有相当的盈利能力，可以支撑交易估值取得上市公司控制权，也满足后续每股收益水平取得股东和监管的认可；二是壳公司，也就是被重组的标的上市公司。如果把借壳上市看作一桩婚姻的话，借壳资产更接近老公，日子好坏主要看他了，壳方有点像媳妇，结婚都想找漂亮贤惠的，好媳妇才能成就美满生活。

一、如何理解壳公司

若要理解壳公司需要对借壳上市的操作方式进行必要了解。上市公司重组使用发股工具后，借壳上市的操作手法便发生了很大变化。核心的操作方式都是采用发股购买资产的方式，即通常说的走增量完成重组和取得控制权。当然也根据壳公司及控股股东的交易意愿，来决定原有股东股权是否变现，上市公司原有资产、负债、业务及人员如何处置等。故此，借壳上市通常都是组合操作，最终目的还是紧扣两大主题，控制权变更和资产注入，万变不离其宗。

资本市场对上市公司的种类划分标准很多，有地域、行业、板块等，没有客观的壳公司概念。壳公司只有在借壳交易中才会出现，单指借壳交易中被重组的上市公司。所以，不能说某公司业绩下滑，或者盘子较小甚至是被 ST 处理就称之为壳公司。

壳公司的概念特别像新娘子，只有在结婚的时候才会出现。所以，理论上而言，任何上市公司都可能成为壳公司，若有足够大的资产重组且对方也愿意接受被借壳，中国石油天然气集团有限公司也可能成为壳公司。

二、如何评判壳公司好坏

说到壳公司好坏的判定，需要强调的是，一单借壳能否最终成功，最重要的还是要看借壳资产的规范性和盈利能力。这是借壳交易及后续监管审核的基础，然后才是壳公司的好坏。壳公司的好坏决定交易能否达成，重组后是否会出现问题等。如何评判目标公司作为壳公司的好坏呢，市场有通行的倾向性标准。

（一）市值大小

壳公司的市值大小是评价壳好坏的首选标准。对于借壳方而言，最大的成本在于借壳后权益被原有上市公司分享与摊薄。

借壳方重组后的股权比例取决于自身估值大小和上市公司市值。通常而言，借壳方资产体量即交易评估值是客观的。壳公司市值越小，重组后借壳方股东占比越高，后续上市后分享市值财富越多，股本融资空间也就越大。

简单举个例子，某借壳企业利润为 2 亿元，借壳估值为 20 亿元。若壳市值为 10 亿元，采用增发方式借壳操作后，借壳企业全体股东占比就是 66.6%。若壳公司市值为 30 亿元，则重组完成后股比仅为 40%。若借壳资产后续在资本市场能支撑 30 倍估值则重组后上市公司总市值为 60 亿元，借壳后股比大小直接决定了借壳方重组后的市值财富是 40 亿元还是 24 亿元。

借壳上市后的股份占比是借壳方最为关心的，除非有两种情况：要么借壳方是国有企业，完成上市是目标，对股比不太在乎；或者重组方后续有很大体量的资产可以二次注入增加股比，即有后手。

（二）股本大小

在壳公司市值确定的前提下，股本越小股价越高越好。尽管从重

组后股比及估值角度看并无实质影响，但小股本意味着重组后每股收益高，容易得到股东及监管的认可。想想啊，重组后每股收益1元钱多靓丽啊，股价飞涨，二级市场都喜笑颜开。要是重组后每股收益5分钱，股东通常也不会买账，基本上都是上坟的心情。股东大会前要是股价再没啥好表现，网络表决把方案给否了也非常有可能。

另外，股本大小也决定后续资本运作的空间。小股本每股收益高对于后续经营的压力就会小，而且后续发股融资空间也大，尤其中国市场喜欢搞点啥高送配，玩法也多多。刚才不是说了吗，壳公司好比是新娘子，小媳妇总是靓丽的，大家都喜欢，那些五大三粗有着铁一般的腰脚的，就要逊色多了。

（三）壳是否干净

壳是否干净有两个层面的含义，首先是有没有或有负债或者风险，其次是能否顺利实现原有的资产负债及业务的剥离。

通常而言，壳公司准备放弃控制权接受被重组，多是源于自身经营困难，需要借壳方来拯救危机局面。壳公司的或有负债风险也是必须要关注的，摆在桌面的问题可以在决策前思量代价和解决方案，就怕交易时有不知道的，明枪易躲暗箭难防就是这个意思。好比娶媳妇，这姑娘个子矮或者皮肤黑都能看见，决定是否接受考虑好。最怕的就是证领了洞房入了后，发现有啥毛病那就搓火大了。

总体而言，近年来的上市公司或有风险问题不那么严重了。主要是目前监管比较严格，像利用股东地位掏空上市公司的情况越来越少了，壳公司总体还算干净。

最干净的壳是央企重组下属上市公司腾出来的壳，国企没有为非作歹的内在驱动，同时也有强大的母公司做后盾，或有负债的保证和净壳剥离都没啥大问题。其次是经过破产重组的壳，通过司法手段保证了或有负债的隔离与消灭。另外就是次新壳也比较干净，我们通常说的新上市的类似中小板上市公司，一般还没学会和来得及干啥坏事，就因业绩下滑准备卖壳了。

干净的壳也指可以实现净壳剥离的壳。多数借壳方希望能够拿到所谓无资产负债、无业务和无人员的净壳。净壳不是个客观的静止状态，是需要在交易中实现的。净壳的难度主要在于债权人尤其金融债权人的协调，因为负债的转移需要债权人同意。通常而言，负债在公众公司比较安全，另外负债转移在银行属于债务重组，后来人不愿给前任擦屁股，必须在负债不会因为变动受损前提下才可以剥离。对于多数上市公司而言，强大有实力的母公司是净壳剥离的前提条件，在实践操作中能顺利剥离成净壳可不轻松，如何搞定债权人主要看承债实力。

（四）能否迁址

能否迁址也是借壳交易中借壳方非常关注的，客观而言，公司的注册地址没那么重要。目前上市公司注册地、办公地和核心资产在不同地域的情况比较常见。但是对于企业或者所在地政府而言，这是个脸面问题。很多借壳企业受到当地政府的各种支持，借壳方有的也会立下军令状，承诺借壳上市后迁址至当地。

迁址这事可大可小，但是比较麻烦。首先公司注册地其实是公司

章程规定的，经过公司章程修改是可以迁址的。但是操作实践通常都需要上市公司所在地政府同意。迁址这事比较麻烦是因为常要拿到交易中来谈，要求原有上市公司股东承诺，其实事后能否迁址谁也无法绝对拍胸脯予以保证。有经验的投行都会搁置这个问题，根据客观情况来判断后续迁址的可能性，当然能提前跟当地政府有沟通那是最好的。

（五）其他因素

除了以上的因素之外，评价壳好坏的还有交易层面因素，即上市公司或者原有股东的交易诉求。诸如原有股东是否有退出意愿，是否需要支付壳费，是否愿意承接上市公司资产业务等。当然也有非常个性化的评判标准，比如有的重组方对交易所、上市公司地域甚至是股票代码都有喜好，案例中有借壳方因壳公司股票代码恰巧是自己女儿的生日而对交易特别的执着，当然属个案。

三、客观认识壳好坏

借壳交易能够识别壳好坏非常重要，但还是要考虑自身条件。章子怡和林志玲漂亮谁都清楚，但并不是每个人都能娶到的。借壳的操作目标并非找到最好的壳，而是选择最为适合自己的交易。

比如有些公司体量小想借壳，我说你没戏因为你实在太小了，估值难以支撑重组后的上市公司控制权。对方说没关系的，我可以接受10亿元以下的壳。我说你能接受对方，对方看不上你。10亿元市值

的袖珍小壳都是皇帝女儿不愁嫁，且挑呢，都希望能找个盈利能力超强还估值不高的，等着坐轿子。当然也有要求太高，最后退市掉沟里的，不具体说是谁了，免得伤了其自尊。

阿毛语录

　　并非所有的上市公司都可以剥离成净壳，能够剥离成净壳通常要求原有股东具有很强的实力，净壳剥离既要相关利益方能够接受，同时又能妥善处理好因此而产生的税负，一句话，既要摆得平，又要玩得起！

知易行难之净壳剥离

　　从壳角度而言有两大要素，一个是市值大小，这个决定了借壳上市的成本；另一个就是干净与否，若借壳完成后今天债主起诉，明天员工来要工资，过几天法院又来查封，那可就麻烦大了。好比买的二手房，不但水电费都欠，晚上还经常闹鬼，住着自然心堵。所以，多数借壳方都希望能在借壳中采用净壳的操作方式。

一、净壳实现关键

　　净壳剥离是上市公司借壳重组中常见的操作模式，有通过资产置换方式实现的，也有通过资产出售方式完成的。这两种方式没有本质的区别，都是将上市公司剥离成无资产负债、无经营业务及无人员的"三无"状态。需明确一点，净壳剥离是借壳资产注入同时实现的，目前A股上市公司还不允许没有主营业务，故此先不注入资产的情况下

实现剥离净壳是做不到的。

在剥离净壳的操作中，最关键的不是法律手段和程序，而是相关利益方的平衡，因为毕竟净壳剥离也是交易。利益的平衡也有两个层面，一个是净壳剥离相关的第三方是否愿意，另外就是剥离成本上市公司能否承担得了。简而言之，债权人是否同意负债转移，产生的税能否交得起？

二、负债如何剥离

根据民法典的规定，债务的转移需要债权人同意。但是作为持转的经营主体，上市公司的负债结构通常都比较复杂，债权人，尤其经营债权人通常都非常多，而且在借壳操作期间还处于不停地变动过程中，上市公司负债转移取得100%债权人的同意几乎是不可能完成的任务。

从监管角度对此也是遵循实质重于形式的原则，只要取得大部分债权人的同意，同时对没有明确表态的债权人可能的偿债要求进行合理安排即可，即重组后上市公司不必为以前的负债买单。实际中操作原则就是取得大部分债权人的同意函，同时由重组方或者其他有实力的第三方进行兜底承诺。同意函的取得通常要求金融债权人尽可能全部出具，全部债权人同意的比例最好超过80%，当然，这个是通常的标准但不绝对是硬性的。

净壳中负债的处理也不光是剥离一种方式，对于大额负债，尤其

是金融负债，也可以在基准日后进行偿还，也可以视同妥善解决，最终进入到剥离比例的计算范围内。但是对于经营性的负债而言，因为本身就是滚动的，负债的偿还就不能纳入解决范围内了。

三、资产剥离如何操作

相对于负债的剥离，资产剥离就简单得多，但是仍然需要考虑第三方利益的因素。比如有限责任公司出资额的转移需要取得其他股东的同意，并且其他股东有优先受让权。已经被抵押、质押的资产需要取得相关担保权人的同意，并且在后续交割时需要将担保或者冻结等影响转让的障碍消除等，即资产剥离也需要对第三方进行协调。

资产剥离中最核心的问题是税，有时候路径设计得挺好，在操作的过程中发现有巨额的税负，重组资产剥离后大部分都得给税务局，方案就彻底都歇菜了。多数资产剥离的税是可以有空间节省或者递延的，需要专门的税务机构进行筹划。主要涉及的流转税类似存货增值税、房地产增值税可以通过资产权益化后股权交割进行处理，资产增值转让可以通过设定条件往特殊性税务处理上靠。

实在没有招儿了，尽可能地将交易处理成非货币交易，尽管也可能会有纳税义务，最后可以跟税务机关摊牌。交易中没有现金变现，反正要钱没有要命一条，最终多数也不会非把你逼死，先记账等啥时候变现再征收。

四、人员如何剥离

上市公司的人员剥离指与现有的人员解除劳动合同关系，当然仅仅指上市公司母体公司，下属公司人员的劳动关系随着股权的剥离就自然转移。对于母体公司人员的剥离方案通常需要职工代表大会表决通过，若没有职工代表大会的最好由工会出同意函。

人员的剥离难易主要看公司的情况。通常民营公司会相对容易些，处理方式比较市场化，换老板了大家就都散了，没准留都留不住，最多按照劳动法进行补偿。对于国企就比较麻烦，大家对于自己企业还是非常有感情的，确切说对自己饭碗有留恋。脱离了国有上市公司就不好混了，故此职工安置的问题就比较头疼。

职工安抚和剥离是有技巧的，对于上市公司特别是国有控股上市公司的政工科而言，具有长期同职工思想动员经验，基本上都能搞得定，最终监管部门若能够看到有效力的职工代表大会决议，同时对于职工安置问题也有相关主体进行兜底承诺，职工安置问题就算OK。

五、或有负债如何防范

或有负债的有效防范也是净壳剥离的重要内容之一，从监管的角度，希望重组后上市公司不会因为之前的或有事项影响经营和股东利益。从借壳重组的交易角度，重组方也比较担心重组后有诸多的麻烦，

通常都需要原有股东对上市公司的或有负债承担责任。

上市公司或有负债主要包括两大方面，一方面是净壳剥离过程中产生的问题，诸如上文提及的未明确同意负债转移债权人的清偿要求，职工安置产生的后续纠纷等；另一方面是重组之前上市公司未发现的或有事项，主要包括未知的担保、潜在的诉讼纠纷等，也就是传说中的"地雷"或者"黑洞"。

或有负债的承担方式一般都是通过法律协议进行明确，或者单独出具承诺函件，若承担责任的是原有股东，也可以把其持有的上市公司存量股权设置质押，在借壳重组完成后分阶段释放，以保证重组方和重组后上市公司的利益。

收购上市公司超过 30% 股份之沙盘推演

　　在业务操作实践中，偶尔会涉及上市公司控股权的收购，除了要按照现有的法规履行必要的披露程序外，若拟收购股份超过上市公司总股本的 30% 则会涉及要约问题。这对于收购方而言是件大事，因为要约履行需要的代价巨大，同时也需要面对因要约收购带来的上市公司退市风险，故此在面对上市公司超过 30% 股份的收购时，收购人需要聘请专业的财务顾问和律师就收购的操作路径进行分析论证。

　　本文以操作案例模拟的方式，对上市公司超过 30% 股份的收购方式进行归纳总结，希望能给操作实践带来些参考。假设 A 公司持有某上市公司 40% 股份，为其控股股东，而 B 公司作为收购人准备收购该上市公司 40% 股份，在现行的收购办法下有哪些可行的操作路径，对收购成本和交易双方利益到底有何影响？

　　路径一：协议收购 40% 股份，要约豁免后过户

　　操作方式就是 B 公司与 A 公司签署股权转让协议，同时根据《上

市公司收购管理办法》（以下简称收购办法，2020 年修正）履行强制要约的豁免申请程序后，在证券登记结算公司实现转让股份的过户。

该种方式最为核心的是要求收购符合要约豁免的理由，根据最新的收购办法规定，类似同一控制下的不同主体间的转让，挽救财务危机公司，国有股无偿划转和因继承而取得股份等收购情形，收购人均可以申请证监会豁免要约收购义务。而有些豁免，类似控股股东通过认购发行新股方式增持等不需要履行证监会的申报程序，直接履行交易所披露程序，同时中介机构发布意见就可以了。

方案关键点：有资格取得要约豁免才行！

路径二：协议收购 40% 股份，发起全面要约

该种方式跟上述路径一类似，区别就是无法申请要约豁免，收购人必须直接发起全面要约。即在签署存量股转让协议的同时，披露要约收购报告书摘要，同时存入要约收购金额的 20% 作为保证金或者提供履约担保，收购人对全体股东发起全面收购要约。

该种方式在实践中案例很多，南钢股份和广州冷机的要约收购均属于此种情形。这种方式最核心问题是全面要约收购只是履行义务而已，并非真的对全部股份有收购意图。这与当年中石化以私有化为目的的全面要约收购有所不同。通常收购方都特别担心有股东会把股份卖给他，所以大多会选择股票相对低点来进行操作，或者后续通过重组等利好将股价推高，避免全面接盘的情形发生。

方案关键点：要约收购是履行义务而非目的！

路径三：协议收购 30% 股份，发起 10% 的部分要约

B 公司与 A 公司签署协议收购 30% 股份（实践中为了避免监管理解不准确，多数案例采用收购 29.9% 的方式），未触发强制要约收购义务，披露详式权益变动报告后履行登记公司存量股过户，同时向市场发起 10% 的部分要约收购。

该种方式的核心操作点是先保证 30% 股份能够取得，然后再通过部分要约收购的方式去增持 10%。证监会要求部分要约收购也需要按照收购办法规定，缴纳 20% 保证金或者履约保证后方可以实施。

该种方式主要的特点在于部分要约的 10% 的股份取得，因为发起部分要约收购的时候，全体股东的卖出机会均等。而且要约的结果也需要看市场的脸色。简而言之，若当时市场价格比要约收购价格高，对于出让方 A 公司而言，二级市场跑路比较理性。若要约收购价格高于市场价格，其他小股东也会接受要约预售准备把股份卖给 B 公司，最终需要等比例收购，导致 A 公司剩余 10% 股份无法卖干净。

方案关键点：买方未必能买足，卖方也未必能卖干净。

路径四：直接发起 40% 的部分要约，出让方全部接受预售

B 公司不经过与 A 公司的股份协议受让程序，采取主动要约收购的方式直接向目标上市公司股东发起部分要约收购，准备要约收购该公司 40% 股份。然后 A 公司以持有的全部股份接受要约预售。

该种方式实践中好像没有发生过，但操作路径在理论上具备可实施性，最核心的特点是 B 公司收购上市公司 40% 股份的目标可以实现，因为有 A 公司全部股份接受预售，但是若有其他股东也同样接受预售，也存在 A 公司股份卖不干净的情形。

方案关键点：买方能买到，卖方不一定卖光！

路径五：收购 30% 股份，每年增持 2%，经过五年达到 40%

B 公司与 A 公司签署股权转让协议，经过权益变动报告披露后履行过户程序，同时在二级市场采用每年不超过 2% 的股份增持行为，俗称爬行增持或者自由增持。

自由增持或者爬行增持，大概的意思是在现有的法律体系内，给你的自由是非常有限的，无论跑还是走监管都会管得很严。如果你不着急就采用爬行的方式，监管部门是给你一条路的，有点耐心，预备开始爬吧。

该种方式首先也面临出让股股份的分割，只能保证实现 30% 的收购的确定性，剩余的股份需要通过二级市场来获得，最核心的难点就是速度太慢，每年 2% 的上限看着都着急。若想取得 10% 的股份需要五年的时间。实践中案例不多，因为资本市场的人喜欢闪电战，都希望能超音速地跑，对于爬实在没太大兴趣。

方案关键点：买方需具备小乌龟般的韧性与耐心！

路径六：间接收购控制 40%，然后减持至 30% 以下，现金认购非公开发行至 40%

B 公司通过收购 A 公司股东的方式实现间接收购，然后既不申请要约豁免，也不发起全面要约收购，而是根据收购管理办法的间接收购的相关规定，在 30 日内将股份减持至 30% 以下。在减持完成后，再通过认购上市公司非公开发行股份的方式增持至 40%。

这种方式纯属娱乐，是为了更好地了解收购中的规则而已，实践中估计是收购方吃错了药才能采用这种方式。不可否认从法规的角度而言，这是个可行的路径，但估计监管部门意见得挺大，来回来去玩得挺热闹啊。

法律路径是通的，但是也需要证监会审批，同时要面对减持后再增持的操作方式，应对短线交易的风险进行规避，简单点说就是减持完成半年后才能以非公开发行方式增持。另外，因为减持的价格和后续认购股份的增持价格不同，有可能对收购成本产生很大影响，收购方可能会因此多掏钱，当然也可能会省钱。

方案关键点：减持避免要约义务，认购新股符合豁免理由，穷折腾！

PS：收购方案需要考虑交易各方的诉求，需要兼顾监管政策及取向，同时避免股票市场价格对交易的影响，包括上市公司下市风险的防范等，以上几个设想就是合法性路径的探讨，为更有利于了解收购及豁免的规则，仅此而已。

阿毛语录

　　某发股购买资产交易，卖方经过近两个月艰苦卓绝的谈判，终于说服上市公司出价由 4 个亿提至 6 个亿，卖方老板心花怒放自我标榜："我谈判水平咋样？阿毛你嘴直你说！"我怯生生地说，报告领导，同期发股价上涨了 60% 多。

A 股并购重组估值作价之多维度科普

　　估值作价是并购重组方案重要构成要素，是交易利益博弈首先需要面对的，既包括静态的资产合理定价，也包括动态的股份支付作价，甚至要与锁定期及盈利预测承诺等综合考量。估值作价既涉及交易条件的合理性设计，同时也包括交易双方的价格博弈，可从多个维度去思考与探讨。

一、估值与作价关系

　　严格而言，其实估值与作价并非完全相同的概念，估值更多是从第三方角度对价值的判断，应该是给作价提供参考依据，而作价应该是双方能够接受的交易价格。简而言之，估值更接近于观点而作价是行为。故此，无论是基于主观判断不同还是交易博弈地位差异，作价

偏离估值也应该是正常的，即通常而言的折价或者溢价交易。

但在 A 股环境下却有不同，并购交易中估值与作价几乎是等同的，估值差不多成了作价最直接有效的支撑。主要是因为国内证券监管或国资监管体系下，对并购重组的价格合理性给予很多关注，作价"师出有名"是交易操作可行的前提。要么接受估值结果作价，要么调整估值靠向作价，交易方通常懒得就折价或者溢价的合理性进行废话解释。

二、评估报告是必需的吗

从国资监管角度而言，国有资产交易均涉及评估程序，且必须按照评估结果进行交易。从上市公司监管角度讲，并没有硬性规定并购重组交易必须要以评估报告为作价依据，即评估并非重组中法规要求的必经程序。

但实践中却并非如此，几乎所有交易都以估值报告作为价格合理性支撑，多数是评估机构出具报告，少数采用投行估值报告的方式。上市公司作为公众公司需要面对股东及监管机构，需要就其交易价格的合理性进行必要说明。上市公司尚没有任性到用简单的"我愿意"三个字来陈述作价依据的地步。

假设没有评估或者估值报告，那么交易的操作就会非常困难，上市公司管理层需要费心费力去解释交易作价的考虑，独立董事也不好发表意见，董事会也需要承担表决压力，公众投资者如何确信交易没有利益输送等。另外，涉及行政许可，让监管机构如何免责也是个大问题。

三、估值方法的不同及用处

评估比较常用的方法是收益法、成本法及市场法等三种。收益法是基于未来赚多少钱来估值的，举个简单例子，用收益法来评估鸡的价值，就需要用未来能下多少蛋能卖多少钱来测算。成本法又叫资产基础法，是按照资产的重置成本来计算企业价值，用成本法来评估鸡的价值就要考量喂养饲料的价值。而市场法就是参照可比交易或者可比公司进行估值，用市场法评估鸡的价值就必须去家禽市场遛弯询价了。

在交易谈判阶段通常用市场法进行沟通，直接就谈交易 PE 倍数是 10 倍还是 15 倍等。相对简单明了，不需要对评估有太专业性认知，当双方谈好 PE 倍数后，专业机构会将 PE 倍数对应结果用收益法的形式来体现。因为收益法体现的对上市公司预期较为直观，包括盈利预测对赌等操作比较方便安排。当然 PE 倍数与收益法也存在简单的勾稽关系，核心在于利润的成长性如何，PE 倍数越高，在收益法估值下对于利润的成长性要求就越高。

成本法的评估结果很少用来作为作价依据，通常都作为辅助方法验证评估结果是否合理，简而言之，为满足现行法规必须用两种评估或估值方法的要求来凑数。市场法操作实践中也使用较少，其适用条件比较严格，必须有足够参考意义的样本才可以。比如用市场法评估鸡的价值就比较容易，因为家禽市场有很多鸡卖，若用市场法来评估

天鹅的价值难度就大，因为成交样本实在太少甚至根本无法选取。

四、价格谈判应注意因素

并购交易对于价格谈判需要注意两点：首先是双方意愿达成与价格合理性的兼顾与平衡；其次是要结合发股支付价格来全面看待资产交易价格，必要时可以进行交易共赢的价格技术处理。

正如上文所述，价格谈判时通常采用市场法的 PE 倍数来进行，但最终信息披露及行政许可多采用收益法逻辑。而 PE 倍数与收益法是有大概的勾稽关系的，即 PE 倍数必须与净利润的成长性相匹配，才能保证谈判结果能够从收益法的逻辑上进行转换。故此，价格谈判博弈不能任由双方天马行空随便谈，达成商业条款若无法在评估技术上实现，则会出现因为技术问题而修订交易条款情形，可能会破坏双方预期，对并购交易造成颠覆性影响。

新的重组办法给予发股价格更多的选择空间，若并购重组交易涉及发行股份进行支付，则估值作价就既涉及标的资产又涉及发股作价，会出现两边跷跷板式的动态博弈。比如双方经过谈判同意，标的资产估值作价 10 亿元而发股价格 10 元确定发行 1 亿股支付，若法规窗口价格空间最低可以是 7 元，则完全可采用"两头拧干"的方式，将发股价和标的交易价格同比例下调，在保证发股数不变的商业条件实质前提下，降低标的资产作价。不仅会减少资产作价的评估审核压力，更重要的是会减小交易方的所得税负，那通常可是好大一笔钱啊。

阿毛语录

A股上市公司在产业并购中，股份支付更容易被交易双方认可，属于在中国特殊的证券市场下的理性选择，也可以说是A股特有的逻辑。

A股并购为何多选择发股支付

并购其实就是桩交易，其内在逻辑跟商品买卖没有本质的不同，从支付角度应该是流通性越好越容易被接受，而没有比货币流动性更好的支付方式了，故此并购交易用现金支付应该是首选，而不是发股支付的以物易物的方式。说得直白点，没人会拿彩票去买冰棍，也不会有人拿持有的股票去买房子。因为成交非常困难也不方便，但A股上市公司并购为何会例外呢？

经常听见Facebook或苹果公司动辄用上亿美元甚至数十亿美元来收购，故此猜测在成熟市场现金支付应该占有相当的比例，除非是特别大的交易。个人观点，接受股票支付只有在发股方看跌而接受方看涨的前提下才能理性成交。另外，股票支付会带来股东权益的永久性摊薄，付出的现金可以再赚回来，但是股份支付就无法收回，故此收购方应该对股份支付更为谨慎才对。总之，股份支付会让交易谈判更难达成，理论上不应该是最优支付方式。

但 A 股市场完全不同，已经发生的并购多数以股份作为支付方式。对于借壳上市和关联方资产注入而言，其以实现证券化为操作目的，故此其股份支付的操作比较容易理解。但对于向第三方的并购也以发股作为主要支付方式，似乎有点不太好理解，需要对其存在的原因进行思考与剖析。

一、融资渠道受限，导致现金习惯性饥渴

毋庸置疑，自由筹资是证券市场基础功能之一，但中国上市公司融资却不那么轻松。若采用发股融资方式则需要证监会的审核，就连普通的银行借贷也没那么简单，需要各种担保抵押等。

简而言之，中国上市公司融资的难度和成本巨大，使得要么上市公司没有现金用以支付，要么用现金支付成本太高，而举债收购对于后续的收益及偿还都有很高的要求。更重要的是，融资环境恶劣带来了上市公司深入骨髓的现金吝啬观念，甚至有上市公司认为现金才是钱，而股票不是钱。

二、配套融资制度性红利，以发股为操作前提

根据重组办法规定及相关监管问答精神，上市公司重组只有采用发股支付时才能进行配套融资，而单纯的现金交易则无法实现。上文说了中国企业融资比较难，所以企业就要抓住任何机会进行融资，以

最大限度享受制度红利。而且，目前并购对上市公司股票多是利好影响，若配套发股融资后进行现金支付，可以减少股本扩张及对原有股东权益的摊薄。

所以，在中国的制度逻辑下，支付的选择也是个平衡，全部用现金支付难度很大，全部用股份支付摊薄较大，结合发股支付同时配套融资的现金支付，是个相对理性的选择，也是在现行制度下对资本平台融资工具的最有效运用。

三、产业并购整合能力弱，对捆绑共生有需求

很多产业并购都是去跨行业收购控股权，目的是合并报表以取得对财务指标的优化，故此对并购后的整合要求都很高。而中国目前尚未形成成熟的职业经理人阶层，很多整合并非钱能解决的，对被收购企业的股东或管理层的依赖就不可避免。

假设采用现金支付方式，那么对方利益在瞬间可以实现，无疑对并购后公司的平稳过渡及有效整合是非常不利的，而用股份支付方式能有效地解决这个难题。在交易完成后，交易对方持有上市公司有限售期的股票，新老股东的利益实现了捆绑与共赢，避免收购后的整合不利带来的风险。

四、跑了和尚跑不了庙，换股利于补偿操作

原有重组办法对并购后的盈利承诺及补偿有强制性规定，虽然新的办法修改将盈利承诺及补偿放开，但是在短时间内，盈利承诺及补偿在交易中还会普遍存在。主要是交易双方最大收益来源于资产证券化，故此双方也有动力给市场以信心，利于重组后续股票走强，从而实现交易双方最大的共赢。

发股支付使得重组后续盈利承诺和补偿的可实施性更强，因为发股后的新增股份是处于锁定状态的，比起现金而言流动性要弱很多。简单讲就是跑了和尚跑不了庙，所以股份支付形成的绑定不仅仅有利于后续整合，也有利于股份补偿的安排，某种程度上有利于防范交易风险和维系市场形象。

五、不愿锦衣夜行，我的美要你知道

2020年版重组办法修改减少了重组的行政审批范围，单纯的现金交易即使构成了重大重组也不需要履行行政许可程序。按理来说，若不考虑上述因素，上市公司应该更倾向于操作简单的现金收购。但现实中有的上市公司却希望能发股去证监会批准，主要是发股支付经历股票停复牌和监管审核，相对市场影响较大。

简单来说吧，上市公司认为自己干了件对股价非常有利的事，希

望把动静搞得大点。就像男生追女生般高调，希望能上头条让天下人都知道。也好比是女士盛装出席电影节，在红毯上慢慢溜达就恨毯子不够长。

六、郎有情妾有意，卖方也更愿意接受股份支付

按经济学道理来说，卖方应该会更倾向于要现金，但是基于A股逻辑，若卖方坚持全部要现金的话，则双方交易实现难度会非常大。另外，基于A股的高估值使得发股购买资产实现的证券化收益巨大，即对每股收益会有明显增厚效应。对于卖方而言，虽然接受了按照市场价格换股，但是后续股价上涨的可能性较大。并购交易兼有变现和再投资的双重属性，从利益最大化的角度也应该不排斥。

另外还有税赋筹划的问题，在实务操作中股份支付的纳税递延空间更大，所以换股方案比现金变现后的再投资更为经济，否则卖方拿到的现金还要缴纳所得税。单纯为了避免当下巨额的税负支出，股份支付就有很大的优势。

基于以上的诸多因素，A股上市公司在产业并购中，股份支付更容易被交易双方认可，属于在中国特殊的证券市场下的理性选择，也可以说是A股特有的逻辑。若后续上市公司能实现市场化的自由融资，股份支付导致的证券化收益逐渐降低，法人治理结构更为健全和职业经理人阶层出现使得整合难度减小，并购支付方式也可能会发生变化。

细数 A 股并购重组中的 N 多股份锁定

　　股票自由交易应该是证券市场基础功能之一，但是在 A 股却有着诸多限制股份交易的制度安排，诸如涨跌幅限制、T+1 及股份锁定等。现行的股份锁定要求散见于各种法律法规，比如有股份公司发起人锁定、新股上市的发行股份锁定、非公开发行股份锁定、并购重组涉及的锁定及董监高持股锁定等。

　　在对并购重组的股份锁定规则进行梳理后略感惊讶，包括短线交易限制、收购锁定、要约豁免锁定、股份补偿义务带来的锁定等，感觉股份若想流动需要做的突围还真不少，原来具备天然交易属性的股份多处于枷锁之中。

　　由于股份锁定要求限制了股份的流动性，所以对于持股人而言，在并购过程中持有或者取得的股份是否锁定，或者锁定期长短等，都关系到其切身的商业利益。当然有些锁定是法律法规的硬性要求，需要在方案设计中综合权衡以合理规避或者变通处理，也有些锁定是交

劳阿毛
并购新说

易层面的要求，需要在谈判博弈中由交易双方来协商确定。

一、短线交易限制

证券法第 44 条第 1 款规定："上市公司、股票在国务院批准的其他全国性证券交易场所交易的公司持有百分之五以上股份的股东、董事、监事、高级管理人员，将其持有的该公司的股票或者其他具有股权性质的证券在买入后六个月内卖出，或者在卖出后六个月内又买入，由此所得收益归该公司所有，公司董事会应当收回其所得收益。但是，证券公司因购入包销售后剩余股票而持有百分之五以上股份，以及有国务院证券监督管理机构规定的其他情形的除外。"短线交易限制主要是针对重要股东和董监高等内部人的，用约束内部人的频繁买入和卖出行为来避免内幕交易和操控市场等。

短线交易的限制在上市公司并购重组操作中极易被忽视，通常而言，上市公司并购重组会涉及股份的增持，比如以协议收购或者二级市场交易方式，或者通过认购非公开发行股份方式取得上市公司新股等。若在增持或者取得股份的前后 6 个月内有股份交易行为，就会触发短线交易的限制规定。比如，大股东通过二级市场减持了部分股票，在 6 个月内就无法通过非公开发行的方式认购上市公司的股票，或者认购了上市公司新股后在 6 个月内不能减持老股等。

对于短线交易在操作实践中需要明确两个要点：第一，买入不但包括存量股的交易也包括认购上市公司新股；第二，虽然法律对短线交易

112

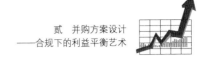

并非禁止而是对其收益的归属进行了强行的约束，但是在并购重组中短线交易却是行政许可的红线。简而言之，即使愿意接受收益归上市公司的法律结果，证券监管部门也不会因此而审批通过并购重组行为。

二、收购行为导致的股份锁定

收购办法第 74 条第 1 款规定："在上市公司收购中，收购人持有的被收购公司的股份，在收购完成后 18 个月内不得转让。"从立法本意而言，此条是为了上市公司收购后控股权的稳定，避免控股权变动过于频繁导致对上市公司经营有负面影响，从而使公众投资者的利益受损。

首先，只要涉及上市公司控制权的取得，无论持股比例是否超过 30%，无论披露的是收购报告书还是详式权益变动报告，或者是否引发要约豁免义务等，均需要适用收购后持有股权 18 个月的锁定要求。简而言之，收购后所持股份的锁定要求适用的标准是上市公司控制权是否变更。

其次，收购股份的锁定情形不仅包括控制权的取得，也包括控制权的巩固。所以，在上市公司股东增持股份的案例中，仍然需要适用收购人所持股份锁定 18 个月的要求，而且股份锁定是收购完成后收购人持有的全部股份，极端情况类似大股东持股比例较高但少量认购上市公司发行股份，也会导致原有的老股因为触发收购办法而锁定 18 个月。

再次，收购股份锁定不包括收购人内部的转让，收购办法第 74 条第 2 款规定，收购人在被收购公司中拥有权益的股份在同一实际控制

人控制的不同主体之间进行转让不受前述 18 个月的限制。主要是因为收购办法规范的是控制权的频繁变动，故此对于控制权不变的同一控制下的主体间转让开了绿灯。

三、要约豁免引发的股份锁定

根据收购办法第 62 条规定，上市公司面临严重财务困难，收购人提出的挽救公司的重组方案取得该公司股东大会批准，且收购人承诺三年内不转让其在该公司中所拥有的权益，可以申请要约豁免。

基于挽救财务危机公司申请豁免的收购人须按照收购办法承诺股份锁定，根据证监会在其网站的问答，上市公司财务危机的情形是指：（1）最近两年连续亏损；（2）因三年连续亏损，股票被暂停上市；（3）最近一年期末股东权益为负值；（4）最近一年亏损且其主营业务已停顿半年以上等。

需要注意的是，基于挽救财务危机要约豁免的股份锁定是针对收购人主体的，即收购人在公司拥有的权益，包括直接持有和间接持有，包括本次收购取得的新股，也包括之前持有或者控制的老股。

四、重组非公开发行锁定

根据重组办法的相关规定，若涉及以资产认购上市公司非公开发行股份的，所取得上市公司股份都需要至少锁定 12 个月，特殊情形需要锁定 36 个月甚至更多。

需要锁定 36 个月的情形主要包括两大类，即控股股东认购及火线入股情形。若涉及控股股东及其关联公司认购的，或者认购后成为上市公司控股股东或者实际控制人的，还有就是认购对象用以认购新股的资产持有时间不足 12 个月的，均需要锁定 36 个月。需要注意的是，实践中认购对象持有认购资产不足 12 个月的认定标准为登记到登记原则，即取得认购资产的登记过户至上市公司发行新股的登记间隔。

对于控股股东认购或认购后成为控股股东的情形，若出现重组后股价表现不好需要进一步延长锁定期。重组办法规定，交易完成后 6 个月内如上市公司股票连续 20 个交易日的收盘价低于发行价，或者交易完成后 6 个月期末收盘价低于发行价的，其持有公司股票的锁定期自动延长至少 6 个月。不太理解该条款的具体目的，但是法规放在那里了也只能遵守，没得商量。

五、股份补偿保证

目前案例操作实践中，无论是基于重组办法的要求还是交易博弈的结果，重组的盈利承诺情况仍然比较普遍，而对于盈利预测多沿袭了股份补偿方式。故此在项目操作实践中，涉及股份补偿均需要考虑非公开发行和补偿履约保证综合确定股份锁定安排。

基于非公开发行的锁定期有 12 个月和 36 个月的区别，同时非公开发行的股份锁定与股份补偿的区间计算也略有差异，非公开发行的

锁定开始于新股登记，而股份补偿期间为完整会计年度，两者需要在锁定承诺方面衔接妥当，避免遗漏或者乌龙情形出现。尤其在非公开发行锁定期为 12 个月而股份补偿周期为 3 年的情况下，市场案例多是简单粗暴地进行了 3 年锁定。其实投行在方案设计上完全可以更为灵活，采用根据盈利预测承诺的实现情况，在 3 年内安排分步解锁方式，既保证了股份补偿的履约能力，同时又最大限度地保证了认股对象的股份流动性。

六、高管持股锁定

根据公司法及交易所上市规则相关要求，上市公司董监高持有上市公司股份的在任职期间每年转让不得超过其持股总量的 25%，任期届满后半年内不得转让。此种制度设计，主要是基于董监高内部人的特殊身份，防范其利用信息不对称实施不公平交易。

在并购重组中也会有基于董监高而进行股份锁定的情形，一种是上市公司并购标的是股份公司，其自然人股东作为重组交易对象同时兼任标的公司的董监高，上市公司购买其持有的股份与公司法第 141 条规定相冲突。此种情形在实践中经常发生，通常需要将标的公司由股份公司改为有限公司来解决。

另一种涉及股份锁定的情形是发生在重组后的整合，即认股对象成为上市公司股东后，出于整合与后续经营需要成为上市公司董监高，导致其持股需要遵守董监高的锁定要求。故此在标的公司股东兼任上

市公司董监高时要综合权衡，实践中有过标的股东非要进上市公司董事会，但是进了董事会却发现后续股份转让很不方便，属于事前功课没做足临时又反悔，唉声叹气地既吃了亏又丢了脸。

七、交易协商锁定

上述均属于法规或制度对并购重组中股份锁定的要求，此外还有交易中的协商锁定，诸如交易双方出于商业利益或者市场形象考虑，希望能够通过股份额外锁定来增加彼此战略合作的稳定。而似乎流通股东也更乐见于重组参与者的股份更长久的锁定，彰显着对重组后预期效果的乐观判断。

总体而言，现行法规对并购重组的股份锁定维度较多，投行在设计交易方案时需要综合权衡与考虑，需要兼顾合规性和客户商业利益。对于股份锁定，无论是监管还是业内都有不同的声音，然而在立法中市场参与者利益倾向难以与监管形成有效对抗，故此股份锁定限制规定增加容易废除难。

个人观点，股权分置改革给了股票行走的腿，锁定期却在不停地加沙袋。股份锁定影响了市场股票的有效供给和流动性，股东因锁定受限较多，导致其只在解禁期才真正关注股价，这些都会影响市场有效性。对于股份锁定的制度设计应该慎重，认为股票锁定减少供应有利于股价走高，是典型邻居大妈朴素的炒股思维，还需要观念的更新与市场化的思维转变。

叁

交易撮合

——洞察人性下的预期管理

信任打底，技术镶边
——对并购交易撮合的再思考

　　有件事我印象很深刻，某年保代培训协会请我去讲并购交易撮合，路上突然心中盘算，自己做并购也快半辈子，伪装成大佬也有几年了，那么撮合成功了多少并购交易呢？像算命瞎子似的掰着手指头在那儿数，突然发现个严肃问题，好像真的没有几个哎。

　　原来多年来，自己做并购还是以项目执行为主，有些项目往前延伸，更多也是客户有了初步意向后，在交易谈判和方案设计上提供投行服务。我琢磨着，还是因为牌照业务钱好赚，从投入和产出比而言是效率最高的，而并购交易的撮合，对投行能力有更高的要求。

　　其实，并购交易撮合真的挺难的。

　　仔细想想，自己那点所谓的交易撮合体会，成功的经验不多而失败的总结倒是不少。不停栽跟头同时拿小本记录，这单搞砸明白了这样不行，那单整歇菜懂得那样也不行，最终发现自己就两样不行，这

也不行那也不行。其实，并购交易撮合仅仅是提升并购达成概率而已，但是并购达成本身就是个低概率的事件，所以无论多完美的撮合方案，最终大概率都是以失败告终的。

所以呢，有人说投资是门遗憾的艺术，并购撮合何尝不是呢？

并购通常都是企业NO.1之间的巅峰对决，能把企业做到收购或者被收购的规模，老板都不是普通人，客观能力超强而主观多自负，投行能与之形成有效沟通已经实属不易，交易撮合要做到管理其预期进而影响其决策，谈何容易？另外并购对企业多是大事，不决定其生死也关系到重大商业利益，在并购交易决策上，客户心态必然是敏感复杂的。

投行在交易中的居间地位，决定了其很难获得交易双方的绝对信任。道理也不难，投行在并购交易的利益格局中，与交易双方都无法在深层次实现同舟共济。简而言之，无论受买与卖哪方委托，投行的天然职责都是以达成交易为终极目标的，而客户要承担并购交易最终的商业后果。客户是来生死决斗的，而投行更像个驻足观望的。

另外涉及上市公司的并购本身也很复杂，对企业而言基于行业和管理积累的经验应对并购确实是有难度的。这样就有个悖论，如果投行专业性不强容易让交易走入歧途，如果投行足够专业容易与客户形成基于专业壁垒的信息不对称。从这个角度而言，客户听从投行的建议都会多个心眼，既要依赖投行的建议判断，又要基于自身商业利益形成自我保护心理。

对投行而言，并购交易撮合既要提升交易达成概率，又要维系和客户之间的信任关系，而这两个目标有时并不在相同的维度上。所以投行的交易撮合看上去要解决利益平衡和共赢问题，但实质上是时刻在解读人性。从这个角度而言，并购是艺术而非科学，相同的公式也无法确保结果的确定性。如果想吃这碗饭，那么该怎么办呢？

第一，要对并购交易的可行性有判断。

并购交易尤其是上市公司的并购交易需要严格的合规性支持，这是并购最重要的前提，无法通过审批的交易注定是失败的。上市公司并购重组的相关规则复杂又多变，必须要对规则非常的熟悉才能在方案设计上游刃有余。尤其很多交易是基于商业诉求可能会涉及创新与突破，故此对规则及背后的指定逻辑也要有概念。这样才能在可行性基础上拓宽交易方案设计思路。

另外就是商业层面的判断，比如基于估值预期能否在评估技术上得以实现，又如交易本身是否涉及巨额税负而让成本无法接受，再如后续的整合难度如何，市场的股票估值是否能够支撑最基本的商业逻辑等。

第二，要对交易各方诉求的匹配性有判断。

市场上有纷杂的并购交易诉求信息，有人想买有人想卖，投行的首要职能不是简单的见机会就上，而是基于经验和判断对交易诉求的匹配性进行专业筛选。所以，撮合交易的成功率是判断力导向而非机会导向的。投行应该向有经验的猎人不停搜寻，最终能够通过点杀而一击致命，而不是在丛林中手持大棒任意挥舞。

跟投资选择项目差不多，理性的交易撮合面对多数交易信息，是需要经简单判断而放弃的，每个机会都尝试成本实在太高。所以，无

效的勤勉对于并购交易撮合而言是非常致命的，最终对外展示的是各种不靠谱的无能，对内是精力和自信的损耗，最终甚至会怀疑自己的智商情商，进而怀疑人生。

第三，要有实现利益平衡共赢的方案设计能力。

若认为双方交易条件具备匹配性，满足双方交易诉求需要专业方案来实现。因为各方诉求多数会形成冲突和博弈，故此并购交易最终达成都是脆弱的平衡，各方能够接受但不甚满意是常态。并购交易的利益主体并非买卖双方，还可能会涉及监管机构、管理团队和员工、债权人甚至地方政府。

不同主体在并购交易中的诉求差异很大，买卖双方自然不用说，买方希望成本低而卖方希望能够卖高价。同为卖方的不同股东利益点也并非完全一致，创始人股东不仅关注商业利益，可能也会关注企业未来的发展，还有对管理层、员工和地方政府有所交代。而财务投资者多半是完全利益导向的，但持股成本不同的财务投资者的预期也会有所不同，所以有些并购方案会对股东持股进行差异化定价。

创造增量是平衡利益最有效的方式，比如在产业层面能够形成协同增量，又如在后续股价上涨能够从市场赚钱，再如能够从地方政府获得税收土地等增量支持。共享增量蛋糕永远比单纯的零和博弈容易。如果没有切实的当前利益增量，寄希望于未来也是个方法，虽然有画饼嫌疑但是毕竟给了想象空间，基于对预期的不同判断也是交易达成的重要逻辑。

第四，要善于理性的客户预期管理。

　　并购交易的达成通常是买方的乐观预期与卖方的悲观预期的竞合。所以，对客户进行必要的预期管理是很重要的。这点要做到有理有据才能有说服力，否则就会被认定为服务于投行利益的套路。多用数据和案例说话，告诉客户市场通行的作价区间是怎样的，技术上能够实现的估值和条件应该如何，让客户预期回归理性与常识，帮助客户形成对可实现利益的期待。

　　所以呢，对买方而言，要有全面的战略思维来支撑并购交易。客观而言，并购应该是战略导向而并非条件导向，好东西不怕贵而坏东西白送也不能要，成功的并购核心在于是否在合适的时间做了正确的事，交易条件永远不是最重要的。对卖方而言，要解决交易条件和成交概率的平衡，高价格固然有吸引力但是无法成交就没有意义，另外资金成本也是需要考虑的，今年的 9 元钱可能比明年的 10 元钱更有价值。

　　当然，这些事情说起来容易做起来难，不是简单的瞎忽悠而是要做到有理有据，预期管理需要以客户的信任度作为支撑才可以，否则就会起到相反的效果。

　　第五，控制并购交易节奏，不用蛮力去摘青果子。

　　并购交易本质是在博弈中逐渐实现平衡和理性预期的过程，无论匹配度多高的交易都需要有个过程。所以在交易中投行也要保持耐心，创造条件让交易双方进行充分博弈，而不是盲目地追求速战速决。客户尤其是对并购缺乏经验的客户，需要在并购的谈判博弈中逐渐地成熟，所以，好的媒婆需要有等姑娘长大的耐心。

　　客户需要在不同的交易机会中寻找自己认为合适的机会，除非对

投行特别的信任与依赖，否则别奢求在首次交易中就能够形成务实的决策。客户对市场交易机会和行业不熟悉总有个观望的过程，就好像女人逛街买衣服，最初试穿的多半都要被 PASS 掉，总是期盼下一件会更好，在没有逛完之前绝不轻易做决定。

在交易谈判中也需要保持耐心，多数交易需要有充足的时间来管理交易双方的预期，通过激烈的博弈最终找到交易双方的利益边界，几乎所有交易都是在最后要崩盘时妥协才达成的。这样达成的条件因为来之不易而不容易被颠覆，所以当谈判激烈甚至出现摔东西争吵时，投行也需保持耐心，交易达成的火候差不多就要到了。从这个角度而言，太容易达成的交易大概率要烙烧饼重新博弈，所以交易的快与慢是辩证的，快就是慢而慢就是快。

第六，信任比黄金还珍贵。

上面说了很多投行撮合交易的各种技巧，但是这些技巧的底衬应该有责任心和善意。某种程度上投行在撮合交易中，要忘掉自身的利益而为交易达成服务，这样才能取得客户的信任，也可能会赢得交易对手的尊重。投行做并购业务最重要的不是把事情做成，而是通过交易撮合形成客户的认可与信任，这是投行业务的立身之本。

投行做并购业务有几种结果，最好的结果是事情能做成名利双收，积累了经验赚了钱又形成美誉度；其次是事情没做成但是客户的认可还在，留得青山在不怕没柴烧，还保留着最优结果的可能；再次是事情做成了但是客户不满意，最后成为一锤子买卖；最差就是事情没做成还掉链子了，成本最高效果最差。但是市场的撮合交易者，多数都

是在咬牙切齿地追求最差结果而浑然不知。

要知道，并购交易多数是谈不成的，所以客户维系比结果更为重要。另外如果能够赢得交易对手的认可，那么并购交易撮合会演变成绝佳的营销机会。交易对手后续的交易也可能会形成新的业务，这样即使交易没谈成但也收获满满。有的人只能看到碗，有的人能看到粮食，而有的人看到的却是千里沃野。

劳阿毛
并购新说

阿毛语录

　　跑单差不多是中介机构的心中之痛。因为交易撮合本身就很不容易，交易达成的概率不大，要是再收不到钱，那真有点吐血的感觉。就好比，好不容易中了彩票然后又丢了，费尽周折钓到条大鱼结果被猫叼走了。

并购撮合，如何面对跑单

　　交易中介，有个逃不过的话题，跑单。

　　无论是二手房交易还是融资并购，跑单差不多是中介机构的心中之痛。因为交易撮合本身就很不容易，交易达成的概率不大，要是再收不到钱，那真有点吐血的感觉。就好比，好不容易中了彩票然后又丢了，费尽周折钓到条大鱼结果被猫叼走了。

　　所以呢，很多撮合交易的投行中介，耗费最多精力在不被甩开上，甚至超过了交易撮合本身。把自身的利益和风险都拿捏得死死的，合同条款之前要谈得很细，不签协议不干活，在交易过程中反反复复确认客户的付费态度和意愿。

　　这时候的中介，类似恋爱中没有安全感的女人，经常需要问你爱我吗，你一定要爱我！

　　故此，在交易撮合中，中介钟情于制造各种障碍和信息不对称。比如，在协议没落地前，绝对不告诉交易对方信息；不支付前期费用，

不可能安排见面；交易有基本的意向后，就开始为后续要钱做准备，在进程控制上做了很多文章。

但结果并不好，多数交易并不会走到最后，侥幸搞成的交易，跑单也成了日常。有点怕什么来什么，最后的结果是，怨天尤人不停地骂娘，认为客户过河拆桥辜负了自己。中介像个受气的小媳妇，系着领带抹眼泪，梨花带雨。

想想，为什么会跑单？

多数人都会怪客户不讲究，少数人会懊悔自己做得不够，比如应该早签协议，又如不应该那么早安排见面，还有是发现客户有甩开自己的苗头时，应该把交易搅黄，宁为玉碎不为瓦全。真正可悲的是，撮合交易能力有限，真的想搅黄交易时发现也挺难，买卖双方谈笑风生共谋未来，留下凄惨的中介，在交易失望美梦破灭中，各种搓手。

私以为，造成跑单的核心原因在于中介能力不够，在交易中没有足够的价值。比如，若中介仅仅提供了交易机会，那最后的报酬就是茶水钱；若对交易双方决策上有很强的影响力，对交易进程有掌控力，能决定交易的成败，那撮合的价值就不一样。还有中介能够解决过桥融资，完成材料申报以及对后续整合都有服务。这种情况，自然就不会跑单，客户付钱会心甘情愿，可能还指望后续能持续合作。

我见过某单交易，财务顾问提供交易机会给了对方电话号码，后来这个交易居然就谈成了。财务顾问跑过去说，这个交易5个亿我按通行标准3%收费，请支付给我1500万元整。客户说给你50万元信息费。中间人大怒说，没有我给你的电话号码你能谈成这个交易吗？

客户说你也仅仅给了电话而已，跟谁俩呢，滚！其实，50万元也不少呢，换成零钱也能铺满后备厢。

如何面对跑单这事呢，我感觉最佳的答案是不用在乎！

首先，在并购交易撮合中，对跑单担心丝毫没有意义，甚至对其发生概率起到相反的作用。在避免被跑单上消耗精力和信任，对交易本身只有坏处没好处。其次，先把交易搞成再说，因为多数交易是干不成的，根本就不会涉及啥中介利益，还不如索性显得敞亮点。再次，投行收钱本质是对自身价值的认可，收不到钱说明没价值，或者预期超过了价值，这更多的是要修炼自身的能力，向内寻找答案才是最佳方式。最后，遇到没有契约精神的无赖客户，也是业务中需要面对的正常风险。

另外，如果感觉交易完成后有可能跑单，要不要毁掉交易呢？

我认为真没有必要。首先，干成交易收不到钱也会有其他收获，至少捞点人情，积累些经验和口碑，增加了赚钱的能力，没准儿被辜负还能撑大自身格局呢。其次，对交易撮合而言，最大价值在于做成而不是赚钱，如果有两个交易机会，首选是能做成的，而不是收费有保障的。因为做成还有收费的可能，做不成啥都没有。最后，毁掉交易也没有想象中那么容易，对方已经是小人了，把成人之美的君子机会留给自己多好。

其实呢，别担心被辜负，越担心越容易被辜负，换个角度想，被辜负说明自己还有点用。而且要感到幸运的是掉链子的是别人，而不是自己！

阿毛语录

投行并购这活不好干，首先，要交易各方都满意，还得获得监管批准；其次，要在股票交易与停牌中，动态实现交易撮合与资产规范梳理；再次，要知道如何能最大效能发挥牌照溢价及市场服务，即做正规军中的武林高手；最后，如何避免因并购交易的不确定性，导致对自身不靠谱的评价，事可以做不成但名声不能丢。

并购交易的核心在于平衡 ①

大家好！

临来之前，管委会说让我跟大家讲讲，无论是段子还是业务都行。我想自己还是靠专业吃饭，应该从专业角度给大家分享点体会，因为毕竟时间有限，段子后续还可以慢慢扯。

我的成长经历和大家略有不同，做投行是从并购起步的，可以说是长期游离于主流保荐制度之外，数次参加保代考试均铩羽而归，无奈只能另辟蹊径。并购也干了十多年了，也相对比较熟悉，市场总说我们是卧薪尝胆，最近终于见到了彩虹，有点像选秀获奖标准感言，但实际上也没有那么惨。

① 本文根据投行民间组织荣枳会 2015 年年会笔者发言实录整理。

　　并购市场依然无比火爆，大家都开始在并购业务上布局，并购跟原来通道制的投行业务还是有些差异。之前投行主要业务是帮企业做IPO，投行职责是连接企业的上市需求跟证监会批文。但是并购连接的是什么呢？并购连接的是买卖双方的交易诉求，当然交易中间可能夹着融资需求等。所以，并购本质是连着企业的需求和市场。我们提及的证券市场和资本市场等概念，市场最本质的功能或者存在方式是交易。但是传统的IPO做的帮助企业拿批文的工作，其实是游离于市场之外的，无论是供还是求都与市场关联度不大。所以，并购业务对于投行转型的意义并非产品的丰富，而在于其具备的市场化交易基因，看似相同的业务，最核心的精髓是有差异的。简而言之，IPO本质是合规思维，是单线条的，但是并购本质是交易思维，是立体的。

　　如何做好并购业务？核心就两个字——平衡。这个平衡有很多含义，包括交易双方之间的平衡、监管与客户利益的平衡、投行与客户利益的平衡及客户近期远期利益的平衡等。平衡本质也是度的拿捏。

　　首先是交易双方的利益平衡。我们常说客户利益是第一位的，投行在并购中的工作并不能简单理解为客户利益最大化服务，投行需要在维护单方利益和成就交易中进行有效平衡。其实，并购交易是实现企业战略的方式与路径，为交易服务也是为企业的根本利益服务，为客户单方争取最大利益但交易达不成也没有意义，只有在交易双方利益诉求有交集的情况下，交易才有可能实现。

　　其次是监管合规要求和企业利益的平衡。在类似IPO业务中有更为深刻的体会，即在项目中关注审批的可能性大大高于客户的利益。

证监会的要求是 100 分，保荐机构为保险起见就要发行人做到 120 分。若带着这种思维惯性做并购就会陷入合规的小格局中，因为做并购服务的是客户而不是监管机构，我觉得评价一单并购交易的好与坏，不是监管机构满意与否，也不是信息披露完不完备，而是这单交易是否在很艰难的情况下最终达成，是否实现了客户的战略目的，即应该站在客户角度来进行评判。当然需要合规性风险的防范，但是客户说好才是真的好。

另外说个话题，如何来全面地看并购交易？不同角度看并购的着眼点会有所不同，比如从监管角度来看，并购重组是行政审批行为；从投行的角度来讲，并购重组就是业务项目，进场签协议做材料，项目执行完毕拿钱走人；从投资者角度来看，会把并购看成影响股价涨跌的重大事件。但对并购操作最客观全面的诠释，应该站在企业即参与主体的角度。并购第一个阶段是战略形成阶段，即为什么要做并购；第二个阶段是并购的谈判阶段，包括标的寻找和交易撮合；第三个阶段是交易的执行，执行之后是整合。所以投行需要从全局的角度看并购，而不是简单地把并购理解成并购材料的申报，用单纯的项目思维看并购，那必定是十分狭隘的。

再回到平衡这个话题上，财务顾问自身利益跟客户利益的平衡也是很重要的。很多时候并购交易非常难做成，财务顾问使出浑身解数都无法说服双方来交易，这可能有其他的原因，比如说你的专业判断不到位，你设计的方案是失衡的，或者对双方的诉求并没有精准把握等。但有一点原因经常被忽略，在并购交易的撮合过程中，投行没有

做到足够忘我。若投行关注点时刻在自身利益上，交易就很难成。因为决定并购的不确定性因素太多，所以说并购这事失败是正常状态，成了倒是意外之喜。并购事关客户的重大利益甚至是身家性命，而且多数客户并没有足够的专业能力来应对并购。所以，对投行中间人应该是既依靠又怀疑的心理，让客户在投行身上找到安全感最重要，它本质也是交易外的另一个维度的博弈。财务顾问信任关系最重要的是忘记自己的利益，比如在交易初始阶段，投行注意力不是如何推进交易，而是花太多精力来保障自身利益，你会发现这个交易离成就越来越远，交易做不成财务顾问的利益也成了无源之水。还不如豁达点，就是冒着做成交易之后被甩开的风险，也是值当的。为什么值当？因为你还有不被甩开的可能，比交易没戏枉费心机要强很多。

上面说了投行在撮合交易的初始要忘我，才能最大可能地成就交易，但是最终也会涉及跟客户就财务顾问服务价格进行谈判，忘我的目的不是说白干活做奉献，而是最大限度地与客户实现共赢，是一种思维方式而已。

在业务实践中，特别是在不需要交易撮合的关联方注入的并购项目执行中，有些是需要通过竞标方式来争取项目的，类似的项目上来就要跟其他机构拼价格。此类项目中，也需要财务顾问利益与客户安全感的有效平衡。比如，我们财务顾问费报价1000万元，这是我们通行的价码，客户说他只能接受600万元，因为其他投行就是这个报价。这时候投行就处于两难境地，坚持报价可能项目就飞了，接受报价自跌身价也很难受。解释我们物有所值非常困难，因为客户对你不了解也不可能认可。比较稳妥的处理方式是接受 600 万元价格，但是合同里面加条奖励条款，如果投行表现令客户满意可以加 400 万元奖励，而且奖励完全看客户心情不设任何的前置条件。有人问了，有协议约束的付款客户还耍赖呢，奖励条款不就是糊弄人的吗？反正到目前为止我经历过的奖励条款都足额实现了，最终还是看客户对投行服务的满意度如何。

我认为，多数客户在签奖励性条款的那刻，已经做好了后续给你的准备。客户容易接受奖励条款很大原因并非为方便赖账，而是要把主动权掌握在他自己手里。认为有奖励条款的激励，会使得投行更加用心服务，客户心里感觉更踏实更有安全感。这种合同进可攻退可守，实在做不好不满意也不花冤枉钱，如果投行提供服务确实物有所值，他也会心甘情愿地把钱给你，而且彼此都有面子。当然，理论上也可能收不回奖励，这事应该这么看，若客户真的不满意说明你的服务也就值 600 万元，没什么不平衡的。若你提供的服务值 1000 万元而客户为节省成本耍赖，那也是业务开拓应该面临的正常风险，总比你之前坚持 1000 万元把项目丢掉要好。而且，类似奖励安排也是个试金石，能够甄别那些可以共赢的战略性客户，也不失为一种收获。

并购业务中还有个平衡容易被忽视，那就是客户的当前利益跟长远利益的平衡。当然这种平衡能力也对投行的操守和判断能力提出了更高的要求。我经常跟客户说，我们要在市场上持续地混，你可以不相信我的话，但我保证我说的每一句都能够经受时间的考验。有时我们为了促成交易，在沟通上做了太多技术性的处理，江湖人称各种忽

悠。其实忽悠不是技能，真正的技能是用你秉承专业的精神，用平实的语言把事实真相告诉他。就算这单没戏，若干年后他认为你说的是对的，有可能还会回头来找你，客户的积累有时是坚持正确的价值观后的必然结果。

我觉得关于并购里面的技巧，没有特别复杂的，主要是专业坦诚为客户着想，另外就是有相对长线的考虑，总盼望做了一大单就退休，短视是必然的。我说真正投行做得好的人，是稍微有一点清高的人，因为投行貌似赚钱太容易了，赚钱的方式也太多了。如果你所有的利益是盯在钱上，无论你是赚到钱，还是没赚到钱，最终都将心灰意懒，而坚持不了很多年。所以无论投行如何发展与转型，投行人的价值还是在市场上找，在江湖上找，在客户面前找。

谢谢大家！

并购与搞对象

- 并购交易中买卖信息是交易的基础但不是全部，市场买卖需求不算啥独占资源。搞对象也是如此，单身男女遍地都是，知道谁单身谁恨嫁没那么重要，不是成就姻缘的关键，信息不像想象中那么值钱，更不值得高价兜售。

- 并购服务企业发展战略，从长远来看并购成功与否更为重要，并购价格的高低没有想象中那么敏感。好比搞对象找对人能够幸福携手一生是关键，至于彩礼是 3 万元还是 5 万元，等金婚时候再回头看都是浮云一片。

- 并购，尤其是借壳上市操作，借壳企业自身条件最为重要，比如规范性、商业模式和预期盈利等，交易机会是水到渠成的事情。好比男人名校毕业事业有成，有房子有车，最后健身变成高富帅，绝对不缺白富美；若是矮矬穷一副猥琐相，天天安排相亲也没什么用。

- 并购虽然惊心动魄刺激非凡，但是整合才是关键，需要进行文化磨合，服务于企业战略的同时激发被并购企业积极性。都知

道恋爱是甜蜜的，但是把日子过好才是真格的，既不能同床异梦也不能彼此盯得太紧，心甘情愿在一起但各自有独立空间，是长久幸福婚姻的关键所在。

- 并购最为关键的是平衡，平衡既包括利益平衡也包括诉求平衡，故此不能简单地理解是利益平均的零和游戏，一方愿意着眼未来而放弃眼前利益也是一种平衡。正如稳定的婚姻通常是男女双方看起来不那么般配，需要有人吃点亏或者更为包容，模糊平衡才是真的平衡，更易稳定持久。

- 并购交易的撮合需要对交易参与方的预期进行管理，交易过程也是客户对并购学习的过程，需要在失败中认清形势和捋清思路。所以，把最好标的在客户懵懂时推出是不合适的。俗话说年轻不懂爱情，首次相亲遇到好的也很难下决定，因为不知道后面会不会碰见李冰冰和林志玲，当认识到自己可选择的余地不大时，会理性地认为当前遇到的就是美丽且充满韵味的。

- 中介作用在于撮合交易，而不是为客户争取那些看上去愉悦但无法实现的利益，使命在于双方各种诉求的平衡和预期管理，而不是马首是瞻为客户争取利益最大化。交易达成是服务企业战略的胜利，好的交易条件是策略层面的东西。媒婆是为了成就姻缘而不是为帮着多要彩礼，姻缘不成就一切期待都是浮云。

- 并购的撮合要解决广度和深度的平衡，交易要排队谈，不行了再换个试试。最忌讳的是把自己掌握的两家以上标的给对方选择，更糟的是把几个买家和几个卖家都叫到一起现场配对，组

团相亲最后演化成走秀，成功概率自然不高。一句话，并购是一对一的深度勾兑，不是茶话会更不是打群架。

- 并购是有组织有预谋的深思熟虑的行为，需要以清晰的企业战略为导向，是手段而不是目的，这样的并购才是理性的并购，风险和收益才能更容易平衡。稳定的婚姻必须是理性的，彼此知道什么最重要，有感情基础且不离不弃。一见钟情见色起意的猎艳，结局是令人担忧的。

- 无论并购还是搞对象，诚意和矜持都不可或缺，也并不矛盾！

并购战略之宫廷选妃与见色起意

　　有句话叫作时势造英雄，中国资本市场涌现出很多靠并购成长的优秀企业，当然产业并购也对企业家的能力提出了更高要求。有很多企业家对并购有见解也很有能力，也有的是被赶鸭子上架边做边学。中国经济发展瞬息万变，刚刚摆脱了家族与作坊式的蛮荒经营的中国企业，又需要面对复杂的并购交易及整合操作。

　　产业并购刚刚兴起，企业各种冲动和纠结是常态，有心情但是没能力是多数。有的企业家是财务出身，对数字非常敏感，有的是科研出身，是十足的技术控，但是这些优势的存在，对并购交易的理解帮助不大，没有谁出生就是天才的交易人，成长需要代价，故此各种误区和试错就在所难免。

　　并购对于企业而言是件大事，必须是服从于战略且经深思熟虑的，其背后应该是基于产业及企业成长逻辑，这样并购式成长才能真正地持续。无论是境外的思科还是国内的蓝色光标，诸多并购成长的案例都支持这个观点。企业先想好为何而并购，在什么时点需要向哪个方向走，并购到底是服务于规模的横向扩张，还是基于产业链条延伸的上下游整合，或者基于技术、客户或品牌识别做相关多元化等。

另外，基于并购战略应该形成具体的并购策略，即给并购标的画圈画图是很重要的，比如行业地位、经营规模、管理团队及客户基础等。简单而言就是知道自己想要什么，然后按照这个标准进行理性筛选，避免投机和短期行为。有的企业每年都有并购交易推出，市场总是艳羡其交易运气，其实每单成功交易后面都有大量的不成功的谈判和筛选。通俗而言，理性的并购应该像皇帝选妃般标准严格，实践中有太多的见色起意，见一个爱一个，最后既伤了身体又浪费了钱财。

有战略支撑的并购交易更容易让监管及市场看懂，这点也非常重要。实践中太多的企业家对并购操之过急，看到别人并购感觉若不行动就赶不上这拨了，而且基本上是贪多图快追热点。在中国资本市场发展历史中，赶着凑热闹的最后都死得很惨，比如当年跟互联网相关的各种高科，后来矿业并购的各种涉矿企业，包括最近特别热的手游并购。不是说哪个行业不好，任何行业都可能会催生出巨无霸，但是要仔细想想，并购跟自己的企业发展战略是否相契合，是服务于短期概念还是长期发展，避免一地鸡毛的事情发生。

股价关系到市值大小，市值大小关系到融资和并购的效率以及股东财富，当前环境下企业家不可能不关心股价，所以经常能够听见"市

值"管理这词。市值管理本质应该是企业成长性的管理,而并非简单的股价操控。若企业通过并购提升了盈利能力和市场竞争力,市值增长是水到渠成的事情,即产业并购提升企业核心竞争力和成长性是因,市场股价表现是果。实践中很多企业家还是传统的炒作思维模式,尤其是到了股权解禁期,用各种并购的概念影响企业股价,缺乏基本面支撑的股价,终究会是昙花一现,怎么涨上去怎么跌下来。

中国证券市场大发展尤其是中小板和创业板的开闸,让很多中小企业有机会登陆资本市场。从规模和市值而言都是几十亿元甚至上百亿元的大企业,但是企业家的转型还需要时间,通俗地讲,老板们刚刚脱下工作服换成了西装领带,还没有真正角色转变。很多企业家并未形成资本市场的思维方式,都是埋头干活老黄牛型的,认为上市与否跟产业发展没啥关系,殊不知酒香也怕巷子深,加上很多企业都是小行业的龙头,本身产业链短天花板低。另外就是老板格局不够导致的角色定位不准确,比如过度沉迷于具体事务,钟情于接待客户打单子,以修改员工提交文件为乐,吃饭点菜和机场接人都事必躬亲等,忙得挺辛苦基本都是司令干了勤务兵的活,看着挺累挺充实,其实是资源的极大浪费。

并购无论是交易还是整合都需要有战略高度,这对企业家胸怀和包容能力有很高的要求。首先,沉迷于琐事的企业家不易形成务实清晰的战略,会导致并购的方向感不强,要么是叶公好龙真刀真枪时就开溜,要么投机和短期利益化。其次,格局大小决定了企业家交易的特点,并购交易既有博弈又有合作,达成交易最核心的不是单方利益最大化而是利益平衡下的共赢，若不能从企业战略高度看待交易，而是过分纠缠细节的得与失，而且有必须要占便宜的心理，会让交易很难达成。比如有企业家谈交易，看中了标的企业非常兴奋，然后报个超低价，然后，就没有然后了。再次，格局决定了并购整合是否顺利，能否立足长远战略而让渡短期利益，能否给标的管理层足够的空间，让激励和约束能够很好地结合，才能真的把日子过好并且让并购成长成为常态。

总之，战略对于拟通过持续并购成长的企业非常重要，持续的并购整合者既需要有心情也需要有能力，应该认识并购战略重要性而形成清晰理性的思路，同时有足够的胸怀和勇气面对并购交易。可以把产业情结与梦想置于市值之上，若还能有并购执行和整合的能力与人才储备，则通过并购使公司成为新蓝筹指日可待。

阿毛语录

并购交易博弈这事，与其说是跟交易对手斗法，还不如说是挑战自我，考验自己的取舍、远近期利益的平衡，另外，也考验自己对人对事的判断。所以，并购最终能否达成且实现共赢，并不取决于遇见啥样的对手，更多取决于自身的格局与认知，即自己是啥样的人。

并购格局，不求战胜而求共赢

格局本质是种思维方式或者价值观，用以指引人进行各种决策和选择。其并不完全等同于大方与豪迈，甚至与做事大小关系不大，做小事而有大格局的确实不多，但做大事有小格局的也不少。而战略性并购能够达成除了需要客观的共赢条件外，主观上的大格局思维也至关重要。

并购业务是高风险复杂的非经营性行为，对企业及企业家的要求是非常高的，并购中需要局部利益跟战略利益平衡，而且无论基于交易合作还是后续整合，都需要企业家有格局来容人容事。但现实中有大身价的老板常见，有大格局的老板并不常有，尤其当前经济发展迅猛背景下，很多上市公司老板尽管身价很高，但思维还停留在小企业格局层面。在投行做业务过程中，也会判断企业是否有足够的格局来实现并购成长，用以筛选是战略性客户还是简单的赚钱项目。

企业家的思维方式通常跟他的出身有关，比如干过销售的人喜欢砍价，价格博弈带来的成就感已深入骨髓。政府官员出身的对人敏感，热衷于搞定各种各样的关系。曾遇到过个文员出身的奇葩总裁，特别喜欢校对中介机构文字材料。在不重要事情上花了太多精力，典型的用战术上的勤奋掩盖战略上的懒惰，本质就是格局不够的表现。

有些企业家能力很强但是没有高效的管理团队，无论并购战略规划还是交易谈判甚至在执行上都事必躬亲，看起来是勤奋其实是因格局不够不太容人。比如管理层团队都是马仔跑腿的，甚至吃饭副总点哪道菜都需要请示等。这样的企业家也可能有雄心壮志，但在并购交易中会走得异常艰难。缺乏强有力的团队非常不利于并购执行及后续整合，就是传说中的心比天高命比纸薄。

格局还决定了企业家的算账方式，通常行业赚钱容易的企业家更倾向于算大账，比如地产、矿业或者金融行业多是如此。几千万元在地产老板眼里就是几栋别墅而已，但相同金额在做纽扣行业就不同了，需要很辛苦地做几百亿颗纽扣才能赚回来，想想浑身都起鸡皮疙瘩。比如给投行支付上千万元的费用，企业家感觉投行几个月就拿走了企业半年的利润，心疼得不行，并不考虑并购可能给他带来资本市场数十亿元的收益。

格局不够的最直接表现是没有共赢的交易思维，要么在并购交易中的细节利益上表现非常强势，宁可交易废掉也绝不局部让利。要么就是满身占便宜的细菌，大有不吃到天上掉下来的馅饼绝不甘心的气势。曾遇到个老板委托我们去联系并搞定某个卖家，说对方没有诚意不愿接受谈判。后来才知道，5000万元利润的企业给人初步报价2.7亿元。我

说我要是卖方肯定也不理你，心里说不定怎么骂你呢。交易中必须要有理性的心态，买方若想成交通常都需要在出价上占有优势，好东西不怕贵点坏东西白送也别要。另外，还有人在交易中总替别人算账，比如交易我能赚 10 个亿挺爽，但听到对方赚 15 个亿就难受得睡不着觉。

上市公司并购多数都采用发行股份支付，其实是个证券化的过程。其本质是合作大于博弈的。很多人把并购交易看作敌我矛盾，总是与人斗得其乐无穷的样子。还有，在博弈过程中，交易方并没有理性的利益权衡能力，并不知道自己真正的底线在哪里，对方每次让步他回头都反悔，好似追求的不是交易达成而是交易达不成。交易利益平衡共赢很重要，如果对方接受交易非常勉强，在后续会带有某种补偿心理，极容易被别人以更好的条件给撬了，或者带着报复不合作的态度进入整合，最终买家多半需要面对困难与损失。

并购格局还表现在战略与战术的取舍上，要对近期与远期的利益做好平衡。要算大账而不陷入交易细节中，千万别只想着博弈而忽略并购战略理性考量。并购价格属于战术层面，基于上市公司平台的并购最终是赚资本市场的钱，价格在战术上要重视而认真地谈，但别将理性的博弈转化成感性的赌气。其实呢，等到发股解禁后回头看看，标的价格高点低点似乎也没那么重要，所谓"莫为浮云遮望眼，风物长宜放眼量"。

阿毛语录

　　并购交易谈判阶段最为精彩，各参与者的风格也迥异：有咄咄逼人范儿的，也有扮猪吃老虎型的；有软磨硬泡砍价的，也有不动声色条件照单全收后出狠招的；有谈得兴起当场开洋酒碰杯的，也见过摔手机茶杯的。当然，摔东西也有情绪失控型和策略安排型之分。

并购交易谈判的九大误区

　　谈判是并购交易达成的必由之路，是相互博弈相互妥协的过程。无论是交易参与方还是投行中介机构，掌握基本的谈判技巧可让交易成就的概率增大，谈判安排不好而痛失好局的情况也时有发生，或因经验不足或因认知局限，甚至是源于骨子里面的价值观。

一、零基础，不做功课就开谈

　　尽管交易的博弈贯穿交易始终，但是作为交易博弈的最关键阶段，谈判必须要做好充足的准备。只有精心准备的谈判才是最有效率的，也最有可能获得相对有利的结果。

　　投行需要在谈判之前与客户进行必要的分析与沟通，主要是全面

地评判各种可能出现的结果。比如利弊分析并不是简单的条件分析，而是基于交易细节条件和交易达成的战略考虑进行综合平衡，简而言之，既要具体的战术安排，又要跳出细节来算大账。

另外，也需要对有可能形成分歧的点进行预判，更重要的是分歧对于双方重要性分析和攻守策略拟制，比如类似方案路径的选择关系到税负问题时，对于卖方绝对是最核心的关注因素，但从买方的角度却可以适当让步进行调整而实现共赢。

二、不对等，一方能拍板另一方不能

谈判通常开始于中介机构对接与商谈，基于专业角度对诸多细节进行讨论，然后交易双方的执行管理层加入进来，就商业条件进行全面磋商。此时谈判可能会非常激烈甚至火药味十足，但不会导致交易破裂也不会伤了和气，两军交锋各为其主大家都心知肚明。

其实在博弈过程中，老板在幕后也是全程掌控的，当执行管理层经过努力也无法达成共识时，就需要双方老板参与到谈判中，因为老板都是大人物，故此谈判氛围通常都是看似轻松的，嘻哈寒暄间将不可调和的分歧谈定，既有效率又有面子的样子。

谈判中最怕老板参与特别细节谈判，有些老板喜欢事必躬亲在交易初始就全程参与，跟对方律师吵协议条款表述，跟对方副总激烈地谈价格。这种不对等的磋商让谈判变得非常被动，因为对方不是老板参与还有回旋余地，同时显得本方老板格局不够太过磨叽，赔了夫人又折兵是常见的事情。

三、伪强势，口气硬但手中没牌

其实交易跟为人处世差不多，通常是手中掌控优势资源的人相对会平和，大有不战而屈人之兵的心态，而弱者却常常以示强来给自己壮胆。尤其对很多成功人士而言，缺乏对交易谈判局势的判断，简单粗暴的强势甚至陶醉于自己的果敢带来的虚幻优势，但是毕竟谈判不是吵架不比口气与气势，最终比的还是谁手中有足够的底牌。

在交易中占有谈判优势，也没有必要过于强势，毕竟并购交易不是简单的零和博弈，更多还是基于产业或者上市公司平台的合作。若在交易中处于劣势，需要考虑的是如何争取对自己有利的条件，最不应陶醉于自己谈判中强势带来的快感。强势跟占据优势完全是两个概念，伪强势会破坏交易氛围而让交易的柔性不够，要么原本可以达成的交易破裂，要么让对方不舒服，给后续执行和整合留下隐患。

四、不诚信，阶段性共识总反悔

并购交易博弈是个渐进的过程，谈判通常都不可能一蹴而就。在谈判过程已经达成的共识通常需要采用谈判备忘的形式予以巩固。但在实践操作中也经常有反复，对于阶段性的共识也常有发生翻烧饼的

情况。看似是个交易诚信的问题，很多时候是因为交易方的准备不足导致的交易识别能力弱，无论是许诺还是反悔都很随意。

对于有经验的交易方而言，类似情况不太容易出现，即使有些条件在谈判中达成但事后感觉不甚满意，也尽可能尊重谈判的阶段性成果，或者采用其他条件进行交换式修正。此类情形出现也与交易心态有关，对交易达成有预期但对具体的条件没概念，每次达成的结果都认为没有博弈到位，甚至会认为，只要是对方接受的就必须是自己要反对的。

五、不交锋，到关键点就绕啊绕

在老板谈判博弈中，经常要顾及谈判之外的诸多因素，在各种寒暄中进行各种试探，但对关键的交易分歧却欲言又止，导致谈判效率极为低下。好像特别羞于对相对具体商业条款进行交锋，在那儿相互猛打太极。

比如有单并购交易谈判，对方企业资金链马上面临断裂，需要通过并购方式来引入增量资金。但是在交易过程中卖方不停地在瞎扯经营理念及企业文化，声称钱不是问题价格不是问题，每次提及具体的交易报价都遮遮掩掩。

通常类似的情形就需要投行在中间斡旋，直接将双方引入最核心的商业谈判上来，感觉有时候双方好像在隔着纱布帘子交流，而投行就需要做中间挑开帘子的小孩。将双方躲闪的核心点死死咬住，并将

双方拖进高效率博弈上，否则跟着双方云山雾罩天马行空地谈到猴年马月也未必有结果。

六、拎不清，大事糊涂小事较劲

按道理说，老板将企业做大应该具有大格局，对并购的博弈有相对透彻的理解才对。但实践中数次遇到过拎不清的客户，作为投行中介都气得牙根痒痒，也会纳闷客户的亿万元身家都是如何来的，甚至怀疑是中国处于变革大发展的时期，给了很多并不优秀的人以大机会。

有些拎不清在交易之外，比如参与交易谈判的客户总裁对于交易的具体条件全无感觉，但是特别热衷于跟中介机构彻夜开会讨论文件申报程序。也曾经有过参与谈判的副总，因为没有给安排套房认为对自己不足够尊重而勃然大怒。有些拎不清在交易中，在各种臭氧层子条件上咄咄逼人各种较劲，谈到最后基本上变成了非理性较劲，但是在最关键的条款上却轻易地无条件让步。

七、大杂烩，内外部博弈群殴乱战

尽管交易的达成是需要综合利益平衡的，其中不仅包括买卖双方的平衡，也需要平衡交易方内部的各种利益关系，包括股东、管理层及债权人等。通常交易中的谈判博弈也需要有多维度，即先解决"敌我矛盾"再解决"人民内部矛盾"，这样才能既提高效率又避免节外生枝。

实践中也有缺乏经验的交易方为了偷懒，试图采用群殴的谈判方式来完成交易，将所有利益主体都拉到谈判桌上，让交易谈判变得极为复杂。殊不知谈判中每增加一个参与方，达成协议的难度都会翻倍。比如诸多股东参与的谈判肯定是复杂且混乱的，创始投资人跟 PE 股东想法不同，即使同为 PE 股东，基于入股成本不同及基金是否到期的差异也会有不同的诉求，而这些应是卖方内部的协调，而不是通过外部谈判来通盘解决。

有些谈判参与方对自己搞定内部关系信心不足，其实类似情况较为常见，也不需要太过悲观，可以在外部谈判中达成初步条件共识，在此基础上再摆平内部的各方利益，即使因为内部分歧导致外部交易谈判修订，也比内外部多维度博弈的群殴乱战轻松愉快得多。

八、不交换，单维度博弈顶牛

并购中有些条款对于双方的利害影响是不同的，比如对于并购交易中的非上市公司交易方，并购交易的发股数和锁定期就非常重要，直接决定了其最核心的商业利益。但相同条款对买方而言是比例摊薄及对流通盘的影响，其实远不如对方那么重要与敏感。交易谈判中有个术语叫作"滚木法"，含义是在交易分歧时进行不同维度的让步，是基于并购的综合利益平衡下的有效博弈，避免直接短兵相接造成交易氛围的破坏。

在交易中单维度的交易条件顶牛容易剑拔弩张情绪化搓火，而不同维度的条件交换就是润滑交易的核心策略，更何况中国的文化讲究礼尚往来。若你跟我谈价格我就跟你谈支付，你跟我谈支付我就跟你谈对赌。在各种条件的交叉协商与利益交换中，容易达成有退有进的综合利益平衡。另外让双方感觉进行了充分的博弈，对于谈到手的条件是基于让步换来的，也更容易心安理得地接受，进而增强博弈结果的稳定性。

九、不阳光，总想靠蒙人取胜

有人认为并购的谈判就是相互斗智斗勇，尤其很多看惯了《三国演义》的老板特别崇尚各种计谋，甚至以能在交易中蒙骗了对方而沾沾自喜。在并购交易中进行阳光博弈是基本原则，尤其对于投行而言，在并购交易中处于组织者和协调者的身份，有时候也有点类似于公平性的裁判地位，要巧妙地揭穿交易双方的"小心思"。

有时候，交易双方为了有利于自己容易构造些虚拟的红线，我们称之为"博弈辅助线"。比如卖方会虚拟巨额的税负作为不可以交易让步的理由，但其实该税负是完全可以采用技术方案来解决的。再比如，买家为了有利于自己拿证监会要求说事儿，比如明知重组办法修订仍然坚持说盈利对赌是硬性要求等。投行需要在专业性判断的基础上识别该技巧，并采用叫醒"装睡人"的方式来进行化解，这时的投行俨然就是人间正义的化身啊。

因为投行身处交易双方之间，坚持阳光博弈看似会让某些小伎俩

目的落空，有时候也会让客户不爽，但是基于阳光博弈达成的交易也最为稳定，交易双方其实都喜欢吃亏占便宜在明处，阳光博弈看似交易谈判技巧，同时也是深层次的价值观与智慧所在。

阿毛语录

对于撮合交易而言，仅有交易供求信息是不够的，财务顾问核心价值不在信息传递，而在于专业判断和信用担保，博概率式的撮合易被扣上"不靠谱"的帽子，两头忽悠的交易通常没戏，至少要牢牢把握住交易一方。

靠谱，撮合交易的基本功

古语说"人无信则不立"，翻译成现在的话大概就是人得靠谱才行。仔细琢磨下，靠谱应该并不局限于诚信，还包括类似判断力、做事态度及是否有耐性等。总之，靠谱差不多是对现代普通人的最高评价了。

好像没人愿意承认自己不靠谱，但是现实中不靠谱之人还真不少，说明靠谱不仅是意愿还是种能力，或是基于认知能力基础上的价值选择。有种极端的说法说靠谱与否来源于基因，在娘胎时就已定型了，听着让人好绝望。

其实，靠谱是个太宽泛的话题，结合并购业务聊聊。

投行并购业务属于金融服务行业，需要面对各种交易与复杂局面，交易达成天时地利人和都不可少，不仅需要利益的平衡，也需要对人预期的把控，甚至需要些缘分与运气。并购参与者也风格迥异，有人认为

反正都是碰运气的事，就应该用投机心理去应对；阿毛哥观点正好相反，恰恰因为并购本身不确定性太强，得需要更务实靠谱去搞才行。

一、发起交易需要无比谨慎

最常见的误区是认为并购交易的撮合就是供求信息的交换，市场因此而充满了各种浮躁的叫卖声，各路神仙也都乐此不疲。微信群里并购交易诉求此起彼伏，并购论坛沙龙上大家交头接耳。尽管并购达成以供求为前提，但仅供求匹配距离交易达成远之又远。而且，市场飘着的多数都是无效信息，即使个别信息具有价值，但概率极低以至于不值得筛选。

并购撮合有两个前提：首先是对人的信任，其次是对事的判断。并购对于交易双方而言都是大事，有时候甚至决定着身家性命，同时并购方案通常又比较复杂。故此，客户的信任是交易前提，所以说并购是熟人的生意。另外，并购不确定性也很强，带来的机会成本和风险都比较大。简而言之，客户通常介入并购会较谨慎，在交易谈判前需要有基本的判断。这需要投行对情况了解，比如合规性是否满足要求，估值大致能做到多少，交易对方大概想法与心理预期等。

故此，交易发起要求相当谨慎，绝不是信手拈来的。发起交易的条件也比较苛刻，通常要求对标的摸底甚至完成尽调，同时要求取得至少交易一方的充分信任才行。见到供求信息就无比兴奋，立刻投入到并购谈判的安排与撮合中，看似勤勉其实是对并购交易难度与条件

缺乏判断。简单供求信息交换并无意义，要么交易基础薄弱做不成，就算运气好做成了，中介机构价值得不到体现也很难收费，总之，不靠谱名声多半是落上了。

有人会持不同观点，说阿毛哥净瞎扯，没有交易机会谁会让你尽调。另外，耗费那么多心血作铺垫，最后搞不成机会成本多高啊。确实，多数企业在没有交易机会的前提下不愿意接受尽调，但这事分怎么看，有句话叫"道不同不相为谋"，类似标的只能排除在交易机会之外。另外，恰恰是因为心血宝贵机会成本高，才要将功课做在前面。

总之，并购交易确实需要运气，但交易撮合绝对不能仅靠运气，撮合的本质是机会筛选进而增加成就概率的过程。尽管经过努力交易也可能无法达成，但会留给交易双方比较务实专业的印象，确保不会打入黑名单，留得青山在不怕没柴烧。

二、公平坦诚面对交易双方

投行在并购谈判中比较纠结，主要是其居间角色分寸难把握，既不能成为任何方的对立面，也不能做任何方的利益代言人，更不能做双面间谍两边唬，但还必须取得双方的信任与认可。

投行要明确自身在并购撮合中的作用，并非为了实现委托方利益最大化，而是在利益平衡的前提下促成交易。其实，交易方案的利益安排与交易达成的战略意义也有个平衡，很多时候对于委托方而言，交易能够达成的战略意义更大，投行若仅为单方利益考虑，最终交易

达不成，一切也都是春梦一场。当然，这点需要得到委托方的理解。

在交易撮合中取得对手方的尊重甚至信任，是投行在撮合交易中必须要追求的，这也是交易对方建立安全感的过程。通常而言，A股并购多是上市公司收购非上市公司，交易对方面对强大的买家及其专业机构时，常会基于内心不安全感而排斥投行的所有建议性意见，没有安全感的建立，并购交易将举步维艰。

所以，投行在撮合交易中须保持公平坦诚的心态，有时甚至更需照顾交易对手的利益，不争即争。要做《皇帝的新装》中的小孩，在双方耍小心思的时候要艺术性地揭穿，让交易在坦诚阳光的利益交换与博弈中前行。并购交易中，投行有点像拳击裁判，需要居间控制节奏保证比赛公平，同时也需要避免双方受伤或者犯规，绝不能当委托方帮凶，吹哨后帮着客户狂殴对手。

投行在交易中赢得交易对手的尊重，不仅有利于交易本身，对财务顾问的业务拓展也很有帮助。把交易对手变成潜在客户是并购业务的最高境界，同时也有利于良好口碑的形成与传递。其实想想，山不转水转，并购交易的各个参与者本质都是合作方，有一时的对手，但没有永恒的敌人。

三、介入利益博弈请三思

并购交易的谈判是个利益博弈过程，交易的达成意味着双方分歧的消除。投行设计利益平衡方案和对交易双方预期进行有效管理。听

起来好像投行全程都在介入利益博弈，不介入利益博弈而促成交易似乎是不可能的。

投行介入利益博弈的角色很特殊，正如上文说的投行好比裁判，提供利益博弈的条件而不是亲自参与。即投行提供专业服务目的是有利于交易双方博弈，而不是直接作为某方利益代言人对商业利益进行评判。

比如，就标的资产的估值作价而言，投行需要提供必要的决策支撑。比如，对市场可比交易及可比公司进行数据采集，告诉双方别人家都什么定价水平，还有从评估技术角度框定比较合理的估值区间，让双方在合理区间进行博弈。

因为投行处于居间角色，故此，不能直接说商业条件是否合适，若评判也需要跳出商业利益之外，从项目操作的可行性角度进行专业考量。投行替委托方砍价是比较忌讳的，即投行在利益博弈面前要豁达阳光，摆出"关我啥事"的态度来。

但投行不能完全作为旁观者看热闹，在交易拉锯战胶着时需要果断参与，通常都是交易博弈接近尾声。比如买家坚持 5 亿元出价而卖方坚持 6 亿元，投行跳出来喊 5.5 亿元，不破不立，意在打破交易僵局。

四、远离不靠谱人群

并购市场比较火爆，各种人充斥其中寻找发财机会，有人是因为经验不足而做事没溜儿，也有人习惯性夸大其词不停忽悠，更有人通

过信息不对称恶意行骗。浮躁市场中，太多的人有短期利益最大化的投机心态，最终通过各种不靠谱的另类勤奋来博取成功概率，怀揣着干一单就退休的梦想，前赴后继熙熙攘攘。

客户也有不靠谱的，企业家具备基本的人品和价值观最好，即对真诚和善良有信仰与追求。或者，至少要在商业利益追求的前提下，有基本的规则意识。特别在市场的蛮荒期，陪客户长大也确实需要耐心和眼光。另外投行服务客户也需要名利兼顾，有前辈曾经说过，要避开虽赚钱但是丢名声的交易，因为利益是暂时的，而美誉度是永恒的。

对合作方也需要谨慎，先观望再决定是否合作，保持必要的矜持与理性。有些机构只喜欢搞面子工程，就想签个战略合作协议应付领导；有些是借合作交流取经的，各种频繁咨询要模板。总之，有诚意有能力且能实现优势互补的合作要珍惜，市场大浪淘沙，最终靠谱的找靠谱的，彼此欣赏做点小事，忽悠的找忽悠的，把酒言欢共谋所谓的大业。

另外，对不靠谱的人必须放弃与拉黑，这才是最靠谱的行为，千万别试图改造不靠谱的人，因为不靠谱是深入骨髓的基因，很难改变！

阿毛语录

　　并购交易的撮合是项综合技能，既有对规则边界的把握，也有对人心理的判断及有效影响能力，但技巧若能发挥作用需要个大前提，就是其底衬是善意坦诚的，是从客户角度出发的，即是善意协助并顺道赚钱，而不能唯利是图连蒙带骗。

细数并购交易撮合中的 N 种不靠谱

　　并购市场的火爆也让各种撮合人参与进来，很多人的观点是，不就是介绍双方见面吗，既然双方有交易的可能，那么理论上就有赚钱的机会。市场浮躁也净遇到不靠谱的人和事，投行主要的工作是对信息和机会进行筛选，需要对各种不靠谱有识别能力。

1. 手中有壳

　　手中有壳差不多是并购撮合中最司空见惯的说法了，感觉怎么可能跟不靠谱挂钩呢？其实，资本市场对于手上有壳的标准是很高的，要么你是控股股东，要么你是壳公司的独家委托。很多人理解的手中有壳就是知道哪个壳在出售，其实就是简单的并购供求信息而已。

　　经常有企业或同行问我们手里是否有壳，甚至有些拟借壳企业把有壳作为聘用我们的前提。当你解释壳不在谁手里而在市场中，就会

被误解成没有资源，连个壳都没有跟你扯啥啊，传说中的华泰联合也不过如此啊。

其实，手中有壳的说法很扯，能做成借壳的都不敢说自己手中有壳。若企业要求必须带着壳去谈，说明企业对借壳入门的概念都还没有，我们通常不会接单。若中介说自己手中有壳，我们也会以怀疑的心态面对，问我们手里有没有壳的，简单回答没有就算了，避免浪费精力瞎折腾。

2. 能做老板主

并购交易中有很多中间人都声称自己跟交易方老板很熟，最常见的说法是自己跟老板是铁哥们儿，能当老板半个家。这是典型的忽悠说法，先不说并购涉及的利益巨大，哪个老板能随便让人当家做主？就算确实自己能影响和左右老板的决策，也通常会出言谨慎。根据多年的经验，只要人声称跟谁是哥们儿，基本可以判断关系相当一般。

通常中间人说能做老板的主，意图是拦在中间要介入实质的交易谈判，人为制造信息不对称在中间谋利。这恰恰说明自己在交易中的位置非常脆弱，需要靠吹牛才能得以巩固。通常而言，双方老板对交易条件没有异议，交易成就的概率也非常之低，中间再夹个两头飘的中间人，交易的成就概率基本就是零。

所以，不与中间人谈交易是条铁律，当然不是说不跟中间人见面，但涉及商业条件的交换必须老板对老板，无论中间人约不出老板还是不想让见老板，交易都必须要用搁置方式进行及时止损。

3. 想见面先收费

交易撮合实践中有很多类似情形，诚然，市场经济下为付出买单似乎也有道理，总担心飞单自己被甩。所以，很多人都是不见兔子不撒鹰，经常用的词叫作"在商言商"。

其实，无论是交易还是项目合作，为有价值服务买单也是市场规律。但是在实践中，利益诉求过早提出看似是对自己利益的保护，其实透着安全感的缺失，本质都是想利用信息不对称赚钱。中间人安排见面就付钱，就意味着只能是对后续交易掌控性弱，而且也对交易缺乏理解。

总之，真正有能力靠谱自信的做法是我先把事做成，然后再谈利益，过度的自我保护要么是想骗人，要么是实在太弱没有自信，都没有必要深入合作。

4. 监管我来搞定

多数并购重组项目都需要监管审批，尤其很多并购案子个性化很强，也经常会涉及方案创新等。所以，监管部门的认可对于并购的操作重要性是毋庸置疑的。

现实中有很多人都会标榜自己跟监管部门很熟，今天跟这个开会明天跟那个吃饭。提谁都认识，啥事情都能拍胸脯搞定，现实中企业似乎也非常吃这套。在项目竞标中，经常有客户问监管那儿有啥资源，某某家券商已经答应约监管某领导出来吃饭，云云。

个人观点，现行法规及监管下，并购重组的操作比较市场化。对于投行而言，最重要是把方案设计得阳光合法，最快最顺利地通过审核，用自己专业能力赢得监管的认可。尽可能别给监管同志找麻烦，尤其是为了在客户面前表现自己很牛，这种刷脸卖钱的事儿也别干得太频繁。

总之，拿跟监管关系来拉项目的，多数都是吹牛皮，有监管资源的人，最不喜欢的就是拿这个说事儿，低调躲闪还来不及呢！

5. 混圈子资源对接

其实金融圈也是个名利场，各种沙龙论坛聚集了熙熙攘攘的人群。大家都在交换着名片，进行着各种交易机会的互换，其实效率很低，基本都不靠谱。

多数的论坛或者沙龙都是陌生人的交际，而并购或者投资最终都是熟人生意。看到过论坛主办方安排交易资源对接，感觉十分好笑。主持人大声宣布着各种并购的供求信息，下面各色人等有拿本记的，也有用手机录音的，似乎并购交易的撮合就指望这几条供求信息了。

总之，真正有能力和资源的人也不需要混圈子去结识陌生人，而刚认识半生不熟的就谈并购和投资项目，基本也都是瞎扯。尤其各种拜访要交换资源的，最后发现基本都是想嫁接别人资源而自己没有的。没有能力的积极和勤奋是件挺可怕的事情。

有人在论坛现场问我，类似我们操作的中概股回归等大项目，能否跟着投资？我说可能性不大，并购投资都有相对固定的合作机构，大家在理念上相互认同契合，在资源上都有互换和共赢，跟你不熟不好合作。对方说不熟没关系，我加你微信聊聊就熟了，利益共赢也能实现，我会时不时地给你发红包……

6. 报喜不报忧

并购交易的撮合很重要的是客观专业，因为并购交易对双方都至关重要，并购本质是交易博弈，对其中双方而言肯定会有利有弊的。真正有效率的撮合是站在客户的角度进行理性分析，该给油门还是踩刹车，要配合好。

实践中，有些中间人非常不厚道，为了交易能够成就用尽了心思。只要对交易有利的就大肆渲染，只要对交易不利的就绝口不谈，总是希望能够通过连蒙带骗的方式将客户引入交易中，甚至人为挖坑设计不可逆的局面，大有把客户当作唐僧肉对待的感觉。

其实，客户也不傻，交易中不怕有反对意见，就怕没有安全感。交易的撮合最终是为了赚钱，但是让客户怀疑你为了赚钱而置他利益于不顾的动机，是撮合者最大的失败。但是现实中类似的人很多，每天都满肚子馊主意，殊不知厚道才是真聪明。

7. 组团相亲

有很多人认为，并购成功就是碰运气，所以交易机会越多成就概率就越大。见过拿着壳公司或标的清单来供客户挑选的，一副很有资源很霸气的样子，把并购交易整得跟摆地摊似的。也见过把 N 多买家

和卖家同时介绍见面，现场配对谈判的，场面好生热闹与尴尬啊。

并购毕竟不是标准化产品，不可能按照组团相亲的方式进行操作，更不能办成广交会。交易靠勾兑的深度而不是广度，发起交易必须谨慎并做很多功课，包括尽调判断合规性和估值区间，对业务进行充分了解挖掘投资亮点，对交易的预期进行管理等。

交易是件很严肃的事，别把并购整得跟相亲大会和传销现场似的，在并购界交易只有零售而没有批发，这是最基本的常识。

8. 与不靠谱的人为伍

有道是"物以类聚，人以群分"，判断人是否靠谱很重要的方法是看他周围的人。务实有经验的交易人，必然十分在意自己的信誉度。大浪淘沙，最终市场上自然分为两个阵营，靠谱的人对交易心存敬畏如履薄冰，生怕做不好丢了名声。不靠谱的人靠忽悠来实现目的，每次失败后都后悔自己忽悠得不够，进入到另外的恶性循环中。

并购交易不确定性太强，在人靠谱的前提下事未必靠谱，若人不靠谱则事情不可能靠谱，还有常跟不靠谱的人混的就不可能靠谱。

最后说句，并购跟投资差不多，多数的机会在简单甄别后需要放弃，没有判断力的勤勉是十分可怕的，与其费力跟不靠谱的人打交道，还不如消停歇会儿，多半也不会影响交易成功率的，放心！

肆

项目操作
——投行并购业务的总结与思考

阿毛语录

原来套利逻辑下的并购，因为都可以在股票上涨中获利，所以买卖双方好比干柴遇到烈火，一拍即合，都怕对方反悔。现在正好相反，卖家对股票没信心了只在乎交易条件，咬牙切齿的各种谈，而买家也不再那么豪放，担心高估值下的商誉减值风险，交易的谈判异常艰难，经常是在彼此骂娘的氛围中不欢而散！

为啥并购业务越来越难做

告别了 2020 年进入 2021 年，国内的并购市场持续萎靡，从 2017 年开始并购的交易数量差不多以每年 20% 的速度下滑，到 2020 年几乎已经到了历史的最低点。投行业务向头部券商集中的趋势非常明显，尽管如此，依然感觉到了投行并购业务的展业压力。

1. 借壳绝迹

借壳项目几乎绝迹，因为 IPO 门槛的降低，借壳要承担的股份摊薄和三年盈利对赌已经很不划算了，愿意尝试借壳的也是质量不高的项目，之前借壳的都是身怀绝技的企业，而现在的企业呢，基本上都是身负重伤，满眼的哀怨。

2. 标的锐减

只要利润超过 2000 万元的就敢想创业板注册制，就算亏损企业只要有几项专利，有几个穿白大褂的，就在梦想来年报科创板。无论对创始人股东还是财务投资者而言，IPO 都是首选的证券化途径，有质量的并购标的越来越少。

3. 套利不再

并购股价不大涨了，过去因为股价上涨而进行的并购已经没有了生存空间，确实有点算不过来账了。被出售标的越来越倾向于现金退出，对买家上市公司而言，钱不是问题，问题是没钱，想想对方要变现而全身而退，几乎吓出一身冷汗，绝对的不敢头。

4. 锁定依然

股份的各种锁定依然众多，之前著名的减持"新规"的枷锁依然存在，新增股票的流动性不好，让通过并购退出的决策变得很艰难。并购交易操作要接近一年，后续锁定要三年，然后再花几年时间才能卖出，时间实在太长了，没准都经历过完整的牛熊转换了，想想都头大。

5. 旧伤难复

过往并购整合不利和商誉暴雷带来的教训都很深刻，并购的玩法和逻辑已经发生了变化，并购的成功不再是交易达成而是有效整合，

相爱总是简单而相处太难，很多并购都成了露水姻缘。

6. 投行落伍

在并购单纯服务于股价的年代，投行的服务能力主要在牌照，而企业主要诉求在套利，并购业务能够投其所好。随着并购回归产业逻辑，企业对并购的核心诉求是价值判断和有效整合，而这两点都是企业长项和投行的短板。只会做材料的投行已经落伍了。

7. 投增产减

过往交易双方谈好合同条款，投行在停牌后进场做材料，业务做得都挺爽的。通道业务虽然没有价值，但对投行而言投入产出比是最高的。现在对投行而言，既要帮客户捋并购方向，又要寻找标的和交易撮合，服务明显向前延伸。另外，底稿与核查程序要求更高，程序性的工作量增加不少，投入产出比急剧下降。

8. 市值退市

市值退市让资本市场的后门彻底打开，监管对此不再有任何决策负担，故此很多公司最终都被市场抛弃，上市公司不再是"不死神鸟"。让很多 ST 公司绝望而不愿折腾甘愿等死，也让很多有挽救退市功能的并购交易投鼠忌器，弄不好真的鸡飞蛋打啊。

9. 低价竞争

这两年国企并购比较活跃，主要是因为只有国有企业手里才有钱，另外很多国企也在做存量产权内部调整。国有企业并购重组交易金额大、成功率高且合规风险小，向来都是投行贴身肉搏的战场。能够蚕食这块业务的基本上都是头部券商，而且竞标程序的结果就是价格战。能抢到已经够牛的，想赚钱就肯定多余了，唉！

阿毛语录

我感觉，借壳这业务类型可能要灭绝了，若干年后聊起往事，估计有人会问：大叔啥是借壳啊，是寄居蟹吗？

为啥借壳越来越少

有客户想借壳去找我聊聊，问我个问题，为什么借壳企业这么少？

我说确实少，在这个年代还想借壳的企业，大体上分为两类，一是对自身IPO信心不足想另辟蹊径的；二是低估了借壳的难度，认为自己搞个壳装进去就能上市，也就是说，钱能解决问题。当然，客观上有些企业确实不适合IPO而适合借壳，类似企业有但不多，有些是基于企业的客观条件，有些是基于客户的主观诉求。

借壳每年凤毛麟角，差不多都是个位数，但每年想上市的企业多如牛毛，同样希望被借壳从而实现浴火重生的上市公司更是如过江之鲫。但真正能牵手成功并走到最后的，少之又少。企业想借壳成功，必须被砍五刀，能够经过这五刀还能幸存的，才有可能修成正果。多数企业是没法下刀的，有些可能就被砍死了！

第一刀就是IPO的硬性门槛条件。

比如存续三年并且连续三年盈利（创业板要求两年），最近三年实

际控制人不变，所处行业没有明确禁止上市，财务数据真实内控符合要求，不能有重大违法违规等。总之，要照首发管理办法的上市要求逐一核对清楚才行。

第二刀就是放弃IPO而接受稀释成本。

其实这条潜台词就是IPO确实有难度，因为IPO不用触及交易且没有股权的无对价稀释，从这个角度而言，IPO的成本是比较低的。那企业选择借壳可能是IPO有难度而借壳稍微好些，即我们说的IPO是50分、借壳是60分。当然也有个别企业是想快点，上市时间节点比较重要，没准晚上市企业就死了，所以成本也就不在考虑的范围内了。

其实说白了，借壳通常都是相对最优选择。所以，在借壳操作中，最不好回答的问题就是为啥不走IPO，就好比农村娶媳妇找了个丑寡妇，问为啥不选个黄花大闺女。

第三刀是企业必须有足够的规模。

因为借壳要取得控股权，注入资产要比上市公司的市值更大。所谓都是大资产小壳，否则就无法取得控制权，那就不是借壳而是出售了。另外，规模小即是获得控制权，股权比例的稀释太大成本太高，从成本收益角度不符合正常的商业逻辑。

第四刀是交易利益平衡。

也就是说，借壳各方都要有利可图，包括借壳企业、上市公司大小股东等应该都是受益者，哪个吃亏都不行。原有股东利益不安排好为啥要让你借壳，新股东代价太大也不干，散户要是股价不涨也会投反对票。借壳是并购交易，所以共赢和利益平衡是必需的，好在中国股价足够高，借壳形成的市值放大效果挺明显的，借壳证券化估值放大效应是交易共赢的基础。

第五刀是监管批准。

借壳不仅是个交易也是行政许可（创业板已经注册制除外，但也需要交易所同意），就是说你们谈得很热闹没用，还得监管能批准。监管批准需要考虑合规性、估值合理性、中小股东利益是否得到保护及后续上市公司持续经营能力等。在这个维度下，监管有点像"民政局＋婆婆"，负责颁发婚姻合法证明，同时也会关注婚姻后续能否过得好，能否延续香火，对整个社会负责等。简而言之，既要合法又能共创美好未来！

借壳企业就像个萝卜，需要放在案板上被切这五刀，多数的萝卜基本上都粉身碎骨了，连渣都没剩下。当然，投行作为拿刀的厨师也很重要，既要敢切也要会切。

所以呢，每单借壳披露乃至审批，市场都在欢腾中关注和观望，其实对于参与者而言，也是个艰难的选择，把脸放地上一路摩擦，还要微笑前行。

阿毛语录

　　IPO 的保荐机构为企业提供的多是合规服务，特别像威严的高中女教师，不停地告诉你该怎样做，否则就没办法毕业及参加高考，言必称所有要求都是为了你好。而并购中的投行角色，更像热心、上心又贴心的媒婆，总是顾盼神飞地告诉你哪个姑娘棒，时刻不忘给客户惊喜与温暖。

IPO 与并购：庙堂之高与江湖之远

　　前些年 IPO 的火爆和巨额的超募现象让券商赚得不亦乐乎，加之保荐制度也打造了中国特有的金领阶层等，使得很长时间券商投行的重点都在 IPO 业务。后来 IPO 由于政策原因一度被关门，并购市场经过多年发酵而风生水起，券商投行也对并购业务给予了更多的关注。但是投行人容易带着 IPO 业务的思维和惯性来面对并购，或多或少会有些困惑。IPO 与上市公司并购好像离得很近，比如都是券商投行的业务范畴，都跟证监会打交道等，但是其实二者差异确实是十分明显的，前者生于庙堂而后者兴于江湖。

　　从道理而言，IPO 也好，并购也罢，本质上都应该是交易，只不过表现形式有所不同。IPO 是参股权的公开发行出售，而并购多数都是私权领域的控股权交易。但是在中国情况有些特殊，即 IPO 是融资资格申请，本质是行政许可导向而非市场交易导向，IPO 的终极目的不是股票销售而是获得批准。而并购最为明显的特点是具有真正交易属性，是有与生俱来的市场化基因的。

一、本质，资格审查与交易博弈

多数并购与全部 IPO 都需要证监会的审核，但审核差不多是 IPO 业务的全部，简而言之，IPO 的主战场在监管审批。IPO 项目因为不具备交易属性，所以没有交易对手，真正的对手就是行政许可机关。而且，IPO 项目参与相关的主体包括企业、中介、地方政府等，其利益取向都是一致的，万众一心地指向最终的发行批文。

有些并购尽管也需要证监会的审核，但本质是交易博弈，其主战场在市场而不在监管审批。参与的各方主体的利益并非一致而是需要平衡和妥协的。并购包括战略形成、交易博弈、交易执行和后续整合，而监管审批只不过是交易执行的一个环节而已。所以，无论是监管还是企业乃至投行，如果仅仅把并购理解为审批程序的履行，其实是并没有客观地认识并购的全貌。

二、节奏，贺岁电影与舞台剧

对于投行而言，IPO 业务和并购业务都需要执行中的协调，因为二者都需要各方努力才能成功，可以说都是系统工程且参与主体众多。

但是由于并购业务关系到股票正在交易的上市公司，所以并购交易的时效性更强。并购交易与股票涨跌是牵一发而动全身的关系，时刻要看二级市场的脸色。所以，并购项目是运动战，需要在有效的停牌周期内完成交易、尽调、中介机构协调、内外部审批程序等多维工作。

相对而言，IPO业务的时效性就没有那么强，若没有准备好可以推迟一个季度申报，IPO的时间表更像是流程梳理，像条鞭子赶着大家前行。而并购的时间表是枷锁，用它来约束操作者。说得通俗点，IPO项目是允许浪费时间、不紧不慢的，但并购确实每天都是非常珍贵的，而且很多程序都是环环相扣的，容不得半点马虎。

三、收费，雁过拔毛与手心朝上

目前IPO的通行收费模式是收取承销费，投行在之前很长时间基本都是投入，最后佣金从融资资金中扣除。而并购的收费模式会有所不同，因为并购的核心工作在于交易的撮合与方案策划，故此合理的收费节奏是按照工作进度来的，而且是从客户口袋里面收钱的，尽管目前有配套融资可能会稍微改善一点，但是手心朝上的收费模式并没有实质改变。

莫要小瞧了收费模式的不同而给项目操作带来的影响，因为IPO不存在收费难的问题，保荐机构一旦确定，更换的成本非常高，故此，保荐协议签署进入申报程序后，投行角色就由"孙子"变成了"爷爷"。而且由于投行机会成本投入太大，所以基本的心态就是成功大于一切，即重结果而轻过程。投行容易成为监管合规最严厉的执行者，为了增加很小的过会概率而不惜代价。基于此客户的感受可能会不好，这跟投行服务水平关系不大，根本上是制度设计带来的问题。

区别于IPO直接扣除成交费，并购会有所不同，因为收费要从客户口袋里面掏，所以并购中投行时刻小心翼翼地伺候着，生怕客户有丁点不爽最后跑单。另外，并购本身的不确定性就很强，所以过程中客户感受很重要，投行寄希望于交易不成也能多少收点辛苦钱，更重要的是留下好印象，下次并购时自己还有继续服务的机会。与IPO的项目服务思维相比，并购多少有点客户服务思维。所以，并购业务的客户"黏性"相对会好些，尤其上市公司经历过IPO券商的"站着"服务后，发现并购的投行原来是"跪着"服务的，瞬间会有些感动甚至泪奔。

四、团队，脚踏实地与仰望星空

由于两项业务的特点不同，故此投行中从事两项业务的团队也有截然不同的风格。总体而言，由于投行IPO的同质化竞争，故此IPO团队多数是偏承揽型的，作风也比较激情彪悍。从项目操作周期和频率而言，IPO项目基本上是三年不开张而开张吃三年，单个项目收益巨大但周期很长，这对于团队的新人会稍微有些不利，因为长久趴在项目现场进行各种琐碎的底稿与核查，不易形成对项目全局和行业的思考，就算项目成功了，最终的从业经验也容易局限在特定行业的特

定企业。

并购案例个性化难题比较多，同时也需要对交易有所理解才可以，故此并购对具体问题的边界感要更为精准，尤其需要在各种交易中历练对人对局面的操控经验，最终实现从术到道的提升。并购中的新人能力提升都很快也相对比较全面，因为并购项目都是短平快且失败率较高。项目无论是成功还是失败，参与人都会有收获，比如每年要做两三个完整的项目，经过三五次失败，进行十次八次的方案讨论，见几十个客户等。尤其并购交易是企业老板间的博弈，能够经常见到人精、高手间的各种对决，也会收获颇多。

其实，两种业务并没有优劣之分，都是为客户提供服务。因为对IPO业务的经历有限，基本都是隔岸观火，认识也未必多深刻，权当是并购业务从业者的自我褒奖与救赎吧。

> **阿毛语录**
>
> 　　并购业务的精髓在于个性化方案设计、市场化服务及交易化思维等，而投行转型不是都去做并购，而是回归服务和资源配置的本源。投行并购前行路分三个阶段，借并购业务带动其他投行产品嫁接；围绕客户提供全业务链的投行服务；聚焦行业，覆盖企业全生命周期的资本配置及综合投行服务。

投行并购服务段位与梦想

　　目前本土投行都在转型中，有人认为业务的转型是投行产品的丰富，原来只能做 IPO 和股权融资，现在也开始做债券或并购。其实，投行的转型根本不在于产品类别的调整，而在于思维的转变，即由原来的监管合规思维转向交易思维，从服务于监管转向服务于市场，真正起到资源调配的作用。所以，最有效的转型是理念和方向的转型，只要方向正确，走得慢点没关系，如果理念不对再努力也是南辕北辙。

　　以并购重组为例，投行在上市公司并购重组中角色的重要性不言而喻，主要承担着项目审批执行、方案设计、中介机构协调和交易撮合及融资等职能。其实，根据现行法规要求，作为独立财务顾问的投行是具有法定角色的。但是，并购是企业的市场行为，其操作链条涉及并购战略形成、交易达成、交易执行及后续整合等阶段。最近两年

并购市场比较火爆，很多投行开始关注上市公司并购重组业务，市场竞争格局也发生了很大的变化。但是，不同的投行在提供服务的内容和段位上，也会各有不同。

一、通道——做材料

为并购重组提供材料申报服务是投行最为基础的职能，是基于券商牌照的通道业务。根据《上市公司重大资产重组管理办法》的要求，涉及证监会行政审批的项目都需要聘请具有保荐资格的券商作为独立财务顾问。通常是交易双方已经谈好方案后，甚至中介机构团队均搭建完毕，券商被叫来写材料后报送监管部门审批。

因为 IPO 的停发有很多投行转型去做并购，也多局限于通道业务。而且有些投行并不理解并购中核心服务价值所在，会认为并购也挺容易的，跟 IPO 没啥区别。原来往发行部报材料现在改为报送上市部了，而且听说并购重组的审核还没有 IPO 严格，至少没那么多严格的财务核查要求等。这其实是把并购业务的服务仅局限在通道业务上了，认为并购业务就是并购材料的申报业务。

当然，很多客户也是这样认为的，尤其是刚刚经历了 IPO 的客户，对于投行在并购中参与交易非常不习惯，总是很诧异地说，你们要清楚你们的角色，我请你们来是做申报材料的，交易层面的事情是你们能参与驾驭的吗？我们有时候也感觉到委屈，奴家明明是来献身的，结果偏偏让我们做迎宾！

二、协调——做项目

若投行提供的服务能够上升至项目协调层面，必须对并购的操作已经有相当的经验积累。并购业务因为涉及正在交易的上市公司的重大事项，最大的特点是所有的操作都必须是在动态中完成的。因为无论停牌时间多长都是有真正的 Deadline 的区别。

并购项目在有限的停牌期间需要完成的工作很多，比如交易方案的谈判及细化、资产的规范梳理、中介机构工作的协调及申报材料的准备等。这些复杂的工作基于每个案例不同而差异很大，有些工作是可以并行的，也有些工作是有前后逻辑关系的。投行必须对程序完全门儿清才能保证不犯错误。不能因为程序不熟而浪费时间导致延期复牌，也不能因为工作安排不到位而出现重大纰漏。

更重要的是，财务顾问的协调能力直接影响到客户的直观感受，事情安排得按部就班、有条不紊，客户也会感觉很舒服，该打球打球该喝茶喝茶，回来发现啥状况都没出，事情全部搞定了。因为有安全感所以才会产生依赖感，客户认为自己的钱没有白花，只有到这个程度时投行协调的工作才算及格。否则，让客户花了钱还总帮着各种擦屁股，没有怨气也难。

三、平衡——做交易

并购业务的主战场在市场而不在监管，故此并购业务的核心服务是基于交易的服务。投行为交易提供的利益平衡安排及交易撮合是完全脱离通道业务的市场技能。需要在各种交易中通过不断的成功和失败才能积累经验。投行的交易服务主要体现为提供交易机会、主导交易和提供全案的解决能力等方面。

给客户提供交易机会看似简单其实很难，有价值的交易机会并不是单单指买卖供求信息，而是指投行基于对行业的理解和初步价值判断，完成对交易潜在标的的初步筛选。中国投行都习惯了原有的通道业务，普遍都没有行业的积累，在申报材料中的行业分析部分也就是"行为艺术"，唬不了别人更骗不了自己。并购交易撮合中对并购标的的价值判断，是并购交易中的最高要求，这也是投行毕生追求的目标。

主导交易需要意识也需要能力，主导交易是参与交易的升级版，不仅仅需要对交易方案的利弊及平衡有概念，也需要对交易有较为透彻的理解，对双方真实交易诉求有把握，对交易中人性及心理有感觉，知道什么时候应该踩油门，什么时候需要踩刹车，控制交易节奏向着有利于交易达成的方向前进。这不仅仅需要大量交易经验积累，有时候也需要些天赋，与项目参与者的性格和个人价值观都有关系，如何能够对交易作出判断和冷静思考，同时又能够赢得交易双方的认可与信任，也是非常难的命题。

另外，过桥融资是交易撮合中重要的环节，市场化交易博弈出来的方案越来越复杂，交易对于资金的要求也越来越多。客户需要的是资源整合能力，不光需要投行贡献方案解决能力和交易机会，还需要有增量的资金投入。过桥融资不仅考验投行的资金实力，也从投资角度考验投行的风险与收益判断能力，不仅要服务好而且还要赚到钱。

四、陪伴——做客户

陪伴需要投行将项目服务思维调整为客户服务思维，能够将服务客户的能力继续向前延伸，能够替客户去梳理战略而非简单地执行战略，能够基于客户战略挖掘其金融方面的需求，有利用投行的资源协调和配置能力，为客户提供全方位的金融服务。

"陪伴"两个字意味深长，要求投行不光想着赚钱，还需要有投行理想。因为只有活得时间足够长才有能力伴随着客户成长，另外陪伴要求投行自身也成长进而能够跟得住客户。尤其对很多草根投行而言，因为没有含着金钥匙出生，无法在最开始就接触大客户做大业务，但是应该有把小客户养成大客户的志向。

高盛可以伴着福特成长而壮大，你为什么不可以？人还是需要有梦想的，万一实现了呢！

劳阿毛
并购新说

阿毛语录

现行法规规定上市公司重组由独立财务顾问主导，其实独立和主导本身就具有天然的冲突，财务顾问贯穿项目始终，充当多个角色，策划交易时是编剧，执行交易时变身为导演，到发表独立意见时又成了第三方评审，有时候特想问下项目组，兄弟们，你们说咱独立吗？

独立财务顾问：教练、运动员，还是边裁

一、重组财务顾问的职责所在

上市公司并购重组活动比较复杂，需要专业机构在交易撮合、资产规范、方案制订及申报执行等方面提供服务。为了保证上市公司重组的规范性，监管法规明确了并购重组财务顾问的法定地位，财务顾问承担着上市公司重组的多种服务职责，应该是绝对的多面手。

（一）咨询服务

提供咨询服务是财务顾问最重要的职责，无论在何种交易类型中都存在。比如借壳上市中寻找合适的壳公司或者重组方，在产业并购中寻找合适的被并购标的等，然后通过尽职调查设计合理的方案并执行，为客户提供各种咨询建议，安排交易路径和交易策略及时间表等。

简单而言，就是将并购重组的专业性转变成客户听得懂的语言，将交易参与方的商业上的诉求转化为可实施方案。在这个角色中，财务顾问有些类似教练员，核心是把客户教会并制订可行战术。

（二）提供融资

目前并购重组中客户的融资需求也越来越多，客户不光需要你的智慧还需要你的钱。财务顾问也乐于在此进行有益的尝试，当前财务顾问的资本介入能力对业务的拓展已经越来越重要。通过财务顾问提供融资，让很多交易由不可能变为可能。

财务顾问提供融资多数都是过桥性质的财务安排，而并非基于企业或者并购标的的成长性判断。因为提供融资安排，财务顾问可能成为上市公司或者交易对方的债权人，也可能成为上市公司发行股份的认购者即上市公司股东。

在提供融资的案例中，财务顾问也成了交易的参与者，从某种意义上而言，财务顾问已经转化成具有辅助角色的运动员。

（三）协助执行

协助项目执行本质上也应该归结为咨询服务范畴，但在现行的法规框架下，执行阶段的财务顾问身份和职责更多是法定的。核心职责在于协调组织各个中介机构完成申报材料和履行申报程序。项目的执行也分为上下两个半场，上半场主要是与各中介为伍开会泡印刷商，下半场主要是跟证券监管机构打交道，所谓报材料跑会里。

在协助项目执行方面，财务顾问好比领队或者代表团团长，总之，更接近组织者角色。

（四）专业评判

重组办法规定上市公司独立财务顾问需要发表独立意见，该意见主要对重组的程序、估值作价和信息披露及操作的合规性进行独立的评判。独立意见也贯穿项目操作的始终，包括重大重组实施及后续督导等。此类专业评判主要是站在独立第三方角度进行的，主要目的是给中小股东提供参考，也为监管部门的核准提供背书，说白了即出了问题知道板子打谁。

为了保证财务顾问的评判具有公信力，该职能由上市公司独立财务顾问来承担，作为独立财务顾问的券商更像裁判员，由于监管部门裁决权力更大，券商更接近于边裁的角色。

二、独立财务顾问主导申报合理性分析

（一）产业并购的财务顾问不需要具备独立性

《上市公司并购重组财务顾问业务管理办法》（以下简称财务顾问办法）对上市公司并购重组的独立财务顾问的独立性进行了明确规定，核心是不能与上市公司存在关联关系，用意是确保独立财务顾问能够从第三方的角度对并购重组出具公平意见。

不难看出，独立财务顾问独立性的终极目的是保证公平性，其核心理念是并购重组应该公平地对待每位股东，这与境外市场是完全一致的。但依照个人观点，只有在上市公司重大重组系构成关联交易，或者重组对不同股东利益的影响有所区别时，才需要引入独立财务顾

问制度，其作用应与股东投票回避制度相类似。

简单而言，重组独立财务顾问的存在前提应该是关联交易，而非构成重大重组或者证监会审批与否。

故此，由于借壳上市和整体上市（或者关联方资产注入）系关联交易性质，为防范关联股东通过关联交易侵害非关联股东利益，引入独立财务顾问角色非常有必要。对于产业并购而言，只要有财务顾问就足够了，就算财务顾问不具备关联性也不影响全体股东受到公平对待。比如，财务顾问本身就是上市公司股东，其利益取向跟全体股东当然一致，若为交易提供了融资也不会导致个别股东利益受损。

（二）借壳上市需要独立财务顾问但不应主导

借壳上市系指取得收购权后的资产注入的操作方式，属于典型的关联交易。在借壳上市关联交易中，收购方即大股东的利益点跟非关联股东是完全不同的。法规应该对其行为予以规范并对非关联股东利益进行保护。因此，借壳上市完全有必要引入独立财务顾问，对重组方案是否公平对待全体股东发表独立意见。

借壳重组的独立财务顾问的存在确实很有必要，但是否由其主导申报是个需要仔细斟酌的问题。实践中，借壳上市多数都是净壳重组，原有的大股东放弃控制权或者出让股份出局。对于借壳上市而言，多数交易是由收购方财务顾问主导的。在2008年重组办法出台之前，借壳上市主导券商的角色多数都是由收购方财务顾问担任的，独立财务顾问是辅助型券商，重组办法从某种意义上说是确定了独立财务顾问主导地位。

借壳上市操作实践中，独立财务顾问通常也并不具备独立性，在服务于借壳的交易撮合和方案策划中，主要是服务于收购方和上市标的资产，最终也是由重组后的上市公司付费，本质也是收购方或者拟上市资产买单。借壳财务顾问多数都比较扭曲，因为需要经历为收购方服务和担任上市公司独立财务顾问的角色切换。

故此，若借壳上市重组材料申报可以选择由收购方财务顾问申报，或者由独立财务顾问与收购方财务顾问联合申报，会更符合实际情况。

（三）整体上市应由独立财务顾问主导

作为上市公司并购重组的基本类型，资产注入的交易对象通常都是上市公司控股股东，故此基于整体上市关联交易属性，引入独立财务顾问非常必要。整体上市跟借壳上市有所不同，不属于控制权变更类型的重组，本质上属于控制权增强型重组。上市公司原有资产业务还在，经营具有延续性，只不过因为重组改变了资产业务规模和股东持股比例。

基于以上原因，整体上市的操作中应该由独立财务顾问主导。既包括方案的策划和执行，也包括对方案是否公平对待全体股东发表独立意见。

三、财务顾问身份纠结与理顺建议

对于上市公司重组的独立财务顾问，法规既规定由其主导又要求其具有独立性，这本身就是有冲突的。作为重大重组的主导券商，对

于上市公司而言主要提供咨询和融资服务，同时在监管眼中又要具备独立性而能够公平地发表第三方意见，无疑是让财务顾问既当教练员、运动员、领队，又当裁判员。

如何还原财务顾问市场角色呢？

首先，明确独立财务顾问聘请前提是关联交易而并非重大重组，产业并购聘请的财务顾问不必要求独立性；其次，重组项目申报顾问应放宽，允许借壳上市收购方顾问主导材料申报与沟通；最后，对财务顾问独立性的界定，应回归至公平对待全体股东的本源上，而不是跟上市公司是否有关联或者是否提供融资。

简而言之，上市公司重大重组中财务顾问必须有，是否引入独立财务顾问要看需要，至于谁在项目中做主导也要根据项目类型来确定，这样更符合市场和项目操作实际情况。

阿毛语录

投行在项目执行中的协调作用，并非完全取决于机构角色，需要有能力对项目进程进行掌控及对专业问题进行沟通，不能仅靠态度强硬和嗓门大，总之，不能让人信服的威严与强势，带来的不是效率而是厌恶与鄙视。

财务顾问项目执行：如何导演这场戏

一、财务顾问都干啥

财务顾问在并购重组项目中承担着非常重要的角色，首先是为交易设计可行的方案与路径，此时，财务顾问好比是制片人；其次是协调交易方与其他中介机构执行项目，财务顾问又非常像导演；到了信息披露和材料申报阶段，财务顾问又要充当法定的角色出具意见，此时财务顾问又变成了演员。

以上三个角色中，财务顾问作为演员作用是最不重要的，无非是卖一张牌照的特殊身份而已，而且不同的财务顾问在此角色下区别也不大。对于财务顾问而言，制片人的角色是最重要的，因为可以决定一个项目的成败，这跟财务顾问的专业性和经验有直接的关系。

对于客户而言，对财务顾问最直观的评价在于其导演身份。因为制片人阶段的财务顾问方案可行性，客户未必具有特别准确的判断能力，需要用最终的结果来进行验证。而对于演员角色而言，客户很清楚谁出意见都差不多，盖的红章很重要水准不重要。对于导演即财务顾问的协调工作而言，客户的感受是最直观的，有没有效率，爽与不爽，差异很大。

二、为啥需要财务顾问

并购重组是件系统工程，财务顾问作为项目总协调人，负责将客户的商业意图形成方案，同时协调各个其他中介机构，包括律师、审计师、评估师及财经公关等来共同执行方案。

说简单点，财务顾问特别像古时候大户人家的管家，起到承上启下的作用。要既能听懂主人的想法和要求，又能跟下面各个分工的仆人进行任务交代和安排，实现整个大家族的和谐运营。对于客户而言，把商业目的直接转化成对律师、会计师的具体工作指令显然不现实，有了财务顾问这个角色，一切问题都迎刃而解。

类似的角色还有装修的包工头，想想他怎么听取你对装修的要求和理念，然后再找木匠瓦匠等一团忙活，就更容易理解财务顾问存在的意义，本质上都是社会专业化分工的结果。

三、财务顾问如何协调项目

财务顾问在项目执行阶段最核心的功力在于掌控能力，其是财务

顾问综合能力的体现。掌控能力跟财务顾问方案设计能力、项目操作经验以及沟通能力有关，需要很多年很多项目的历练才可以胜任。

（一）方案设计能力

方案的设计和策划是顾问执行和协调的前提和基础。通常而言，财务顾问利用其专业性给客户提供最优的方案，最优的方案通常是最平衡的方案，需要兼顾客户商业意图、操作成本、操作周期及后续审批的可行性等。无论后续财务顾问协调能力有多强，若开始就是一个有问题的不可执行的方案，那么一切都是徒劳。

好像上面说的都是废话，专业的财务顾问能够设计出不可行的方案吗？在实践中真别太高估专业机构的能力。专业机构犯低级错误的例子实在太多了，"二把刀"选手还真不少。而且并购重组真的非常复杂，谁都别说自己出的主意一定可行。比如，一个并购重组方案进程中发现会产生天文数字的税；或者操作需要债权人同意才可行，但是根本就不具备协调债权人的条件；或者之前看了某个案例操作成功就照猫画虎，最后发现该案例方案可行是因为案例的特殊背景。

方案设计除了可行性之外，还有就是问题考虑的周全性。这主要有两个方面的作用，首先是在客户决策时候能够全面平衡，以至于客户不会对自己的决策后悔。其次就是问题考虑得全面，让客户都有心理准备，增强安全感和对财务顾问的依赖性。客户最怕的不是方案难，而是有更好的方案你没想到，或者在操作过程中不断地蹦出新问题，客户今天冒一身冷汗，明天眼冒金星，你说客户会怎么看财务顾问？

从这个角度而言，如果一个交易中，客户比财务顾问还操心，那就是财务顾问的失败。

（二）与其他专业机构的对话能力

　　财务顾问需要协调律师、审计师、评估师及财经公关等其他中介机构的工作。这要求财务顾问对其他专业机构具有专业的对话能力，这也是协调其他中介机构的前提。

　　要求财务顾问比其他专业机构还专业，听起来实在是有些苛求，但是在并购重组的专项领域里，最好是能够有跟其他机构相当的专业水准，最次也有与其进行专业对话的能力。财务顾问可以不会写协议和法律意见书，但要能够看出律师写的文件是否达到了要求，可以没干过审计评估，但要知道会计师在项目中都需要干什么，干到啥标准，评估师对于评估增值的分析是否具备合理性，是否能够说服监管机构等。

　　跟其他机构的专业对话能力，也决定了其他机构对于财务顾问的信服程度。有些专业机构若认可财务顾问专业能力，在工作中就会愿意跟财务顾问就专业问题进行探讨，愿意按财务顾问的专业要求予以调整，这也是项目操作的效率所在。

　　另外，各个机构之间的工作，尤其是会计师跟评估师的工作是有紧密逻辑关系的，有些机构工作是以其他机构工作为前置条件的，有些机构的文件需要跟其他机构出具的文件保持一致。比如，评估师对于流动资产的评估通常要跟审计结果保持一致，需要审计师先出数据。而审计师的备考报表和备考盈利预测又需要评估数据作支撑。评估师收益法评估中未来盈利需要跟盈利预测保持一致，备考盈利预测需要

考虑评估值摊销等。

总而言之，需要能够与专业机构进行对话。你可以不会做鞋，但最好会修鞋，若修鞋也不会至少要知道鞋的好与坏。

（三）对操作程序的绝对熟悉

通常并购重组项目的程序都是多维的，比如重组也可能涉及并购或权益变动程序，涉及证监会审批的同时还涉及国资管理程序，还可能涉及商务部的反垄断程序等。各种程序有些是有先后衔接逻辑关系的，有些是可以并行操作的。财务顾问需要对程序绝对熟悉，才能在项目进程的掌控中不出现纰漏。

比如，在重组中涉及收购的，重组程序和收购程序如何衔接，何时需要披露收购报告书，是需要披露收购书还是摘要，抑或是需要披露权益变动报告，在董事会披露还是股东大会披露等。又比如，国有股转让涉及全面要约程序的，要约报告书摘要的披露与国有股公开征集及后续审批程序如何衔接，后续国资批准股权转让与要约收购的正式发起又是何种关系等。

对于程序的熟悉，一方面让整个项目在全面掌控中进行，另一方面可以提高项目的操作效率。若可并行推进的最终操作成前后逻辑关系，可能因为项目操作周期延长导致审计评估加期，因为审计评估加期遭遇审批政策调整。据说有很多房地产企业重组的项目失败就在于前期程序问题没厘清，导致最后项目操作周期延后而惨遭关门，程序小纰漏带来项目失败的大问题。

（四）高效的中介机构协调会

中介机构协调会非常重要，我认为，财务顾问应该像珍惜自己生命一样珍惜中介机构协调会的机会。直到现在，做项目还经常有一个毛病，在中介机构协调会之前，多少会有些焦虑，非常担心会有事情没有考虑周全。

首先，中介机构协调会需要考虑参会人员范围，对工作不涉及的机构没必要出席。中介机构协调会参加人员并非越多越好，对于中介机构而言时间就是金钱，每次都叫去参加中介机构协调会，但发现工作安排跟自己没太大关系，会有心烦甚至崩溃的感觉。而且，也不利于项目保密。另外，每家机构出代表即可，会后再在各个机构内部安排布置，没必要整个项目组全部参加。

其次，做好会议资料并提前发给各方。用会议资料的方式告诉大家，中介机构协调会都涉及哪些内容。通常会议资料会用 PPT 格式制作以方便会场演示，内容大概包括项目整体的操作方案，大概的操作程序和阶段，本阶段详细的工作分工及时间表安排等。曾参加过没有任何资料准备的中介机构协调会，甚至没有明确的会议议程安排，最终中介机构协调会变成了漫谈会。

再次，注意会议进程的掌控。在召开中介机构协调会议时，要充分体现财务顾问的主导作用，由财务顾问贯穿整个会议始末，在此过程中财务顾问要相对强势。财务顾问是会议的主持人，千万别让会议跑题，变成中介机构集体诉苦大会或者开成民主生活会了。另外，中介机构协调会是工作进程的任务布置会，不是问题的讨论会。若有未

决的问题应该在协调会后会同客户及中介机构进行商讨，中介机构协调会上不解决具体问题，这点非常重要。

最后，说下时间表和分工。有人认为排时间表比较简单，就是按照时间顺序列好工作事项即可。个人认为，时间表是财务顾问对程序及工作预判能力最有力的体现。从排时间表就能评判出财务顾问水准的高低。专业的时间表不仅体现出对操作程序的精准把握，也体现出对工作及时间要求的客观性判断。程序与分工程序颠倒或遗漏属于低级错误，时间节点的安排也同样重要，排得太松垮会影响项目效率；排得太紧又与客观情况相悖，导致时间表严肃性丧失，最终成了无法遵从的摆设，也容易造成客户对中介工作的误解与误判。

以上是对财务顾问在并购重组中协调工作的一点粗浅见解，财务顾问在项目中协调工作做好了，项目操作顺利，客户不需要太多操心，中介机构也会工作愉快。若协调不好，项目问题不断，客户心惊胆战，中介机构叫苦不迭，客户可能会在江湖上说你坏话，那就真的不好混了。

阿毛语录

　　投行核心本领有几点，首先，不靠关系就能把客户拿下，就是搞定人；其次，把交易和执行整明白，就是搞定事；最后，有能力识别并把握业务中的合法阳光投资机会，就是能赚到钱。

如何认识并购项目时间表

- 上市公司并购项目通常关系到股票停牌、二级市场走势及财务报告有效期等因素，时间节点要求更为严格，并购项目需要不停地跟时间赛跑还不能摔跟头，故此，并购项目时间表的时效属性更强。

- 时间表是财务顾问对项目掌控能力和经验最综合的体现，需要对项目的程序逻辑、主体分工、工作量等既有宏观概念又具微观判断，是项目执行的纲领，而绝不是工作与时间的简单堆砌。

- 时间表应该涵盖诸多因素，包括时间节点、工作任务、负责机构及涉及的程序，时间表可以是多维度的，除了时间维度阐述外，也可以用主体及分工、程序及文件等维度说明，让每个机构都知道什么时间点该做什么，提交什么样的文件等，总之，信息传递要清晰有效。

- 时间表要注意远期和近期的差异化，通常遵循"远疏近密"的

原则，远期用时间段进行粗线条描述，传递整体时间段概念；近期时间表用日时间点保证其精确有效性。有极端客户让以日为单位排两年时间表的，远期无法确定也没有必要，会破坏时间表的严肃性和指导意义。

- 时间表的灵魂是客观和逻辑，不松不紧是最高要求。时间表太过宽松拖沓会影响进程效率，但是过于苛刻看似争取了时间，其实丧失了可信性和约束力，所有人都知道无法完成的时间表，其本质就是制定时片刻欢愉的一场假象。

- 并购项目的时间表应该是个性化的，并购项目类型有所不同，就算类型相同程序也会有所差异，程序相同每个企业的情况和基础又有区别。只有经验是可以相通的，排时间表都找文件模板是件不可理解的事儿。

- 时间表的制订很重要，但关键还是在于实施，财务顾问必须像小蜜蜂一样紧密跟踪操作进度，不停地给各个机构扎针。要时刻清楚时间表的执行情况，有影响进度的事项必须及时排除，最终要的是结果而不是诸多借口，制订完时间表就等着收作业是不负责任的体现。

- 通常而言，客户对并购项目时间表并无专业判断能力，时间表的高要求更多体现的是财务顾问对自身工作的执着和洁癖，随意性的时间表不可能带来严肃的项目执行。

- 并购项目中，时间表是用来遵守的，而不是用来修改的。

阿毛语录

如果必须给壳费来个界定的话，壳费是借壳方为了取得借壳交易机会，给控股股东的利益安排。说白了壳费有点像彩礼，想娶人家姑娘就得有付出。

一文读懂"壳费"那点事

经常有人问，现在壳费多少钱啊？估计在提问者心中，壳费就是借壳上市的门票钱，好像跟路费、学费和 KTV 小费差不多。其实，这个问题从专业角度几乎无法回答，因为借壳交易都是个性化安排，并没有标准壳费一说。

如果必须给壳费来个界定的话，壳费是借壳方为了取得借壳交易机会，给控股股东的利益安排。说白了壳费有点像彩礼，想娶人家姑娘就得有付出。而这种付出也有各种形式，有的简单粗暴给现金，也有的艺术婉约携手未来啥的。壳费的本质就是利益安排和交换。那么，通常有几种安排方式呢？

1.控股权转让溢价

控股权转让溢价是借壳里面最常见的壳费方式，比如上市公司市值 10 亿元大股东持有 20% 对应市值 2 亿元，在借壳交易中大股东股

票卖了 8 个亿，股权转让的 6 个亿溢价就可以理解成壳费。

通常而言，上市公司市值越小后续注入资产的证券化收益越高，进而壳费越贵，如果体现在控股权溢价上，股东在能够稳定控制上市公司的前提下，股比越低转让溢价率就越高。比如，10 亿元市值壳公司的 20% 能卖 8 个亿，如果是 40% 股权肯定卖不到 16 个亿；而同样持股 20% 的 20 亿元市值壳公司，没准连 8 个亿都卖不上，其中的逻辑好好体会下。

2. 置出资产的利益让渡

对于置出资产的处置也是对原控股股东的利益安排的重要方式，最常见的是无偿赠与原有的控股股东。通常而言，借壳交易买方看重的是壳，对里面资产可能既不熟悉也没兴趣，能够赠送给对方作为交易条件，也算是两全其美的事了。

其实，置出资产的利益让渡有很多种方式，除了赠与之外低价转让给原控股股东的也比较常见，或者利用该资产新老股东成立合资公司经营的。其本质的利益安排逻辑是差不多的，只不过是操作方案和利益大小的差异而已。

利用置出资产来进行壳费安排通常都有几个条件：

首先，是该资产对原股东具有相对价值，对新股东而言意义不大，有点彼之蜜糖吾之砒霜的意味。如果置出资产是现金、金融资产或变现能力很强的土地房产等，这个处理的方案就会更多元，最终的利益博弈可能不在于形式，而是简单地体现在价格博弈上。

其次，原有股东对置出资产的处置和驾驭能力相对较强，说白了就是能够搞得定。这通常适合创始人股东而不适合中途进来的股东，类似二级市场举牌的股东可能面对置出资产也一筹莫展，更倾向于连壳带瓤一卖了事。

再次，置出资产的利益安排效果取决于资产价值和原股东的持股比例。简而言之，置出资产越值钱，原股东得到的实惠越多；原控股股东股比越低，获得资产后的利益增量越大。比如，原股东持股10%，但是获赠了全部的置出资产价值10亿元，这个增量对价的效果就比较好；若原控股股东持股70%，获赠价值3亿元的资产，那简直就是毛毛雨啦。没多少钱的事，更重要的是资产在体内还是体外，对持股比例高的原股东而言区别不大，左口袋倒到右口袋自然没啥太大感觉。

3. 原股东持有股票预期增值

借壳交易中原股东保留部分或全部股票而寻求与借壳方共赢，希望能够通过借壳交易后股票上涨来赚钱，也是常见的借壳利益平衡方式。从利益安排换取借壳交易机会进而取得控股权而言，重组后股票的预期收益也应该算种壳费，只不过跟控制权溢价和置出资产利益让渡略有不同。

首先，以控制权溢价和置出资产利益让渡的壳费安排是只针对控股股东的，具有专属性和相对性，中小股东利益是通过重组后股票上涨来实现的。但预期股价上涨的壳费安排，大小股东是没有差异的，若借壳交易后续预期股票上涨幅度较大，控股股东也可能接受该交易，

跟小股东在利益上谋求共进退，只要利益账能算得过来。比如借壳后股票能翻十倍八倍的，何乐而不为呢？钱又不咬手？

其次，控制权溢价和置出资产的利益让渡基本上是显性的利益安排，能得到多少实惠这账是能算得清楚的。而股票的预期收益要取决于很多因素，通常需要锁定三年后才能实现。到底能赚多少钱不好说，可能会很大也可能会没有，这就主要看大家对未来的预期判断了，可能只是延迟满足搏个大的，也可能是拿青春赌明天最后竹篮打水一场空。

再次，控制权溢价的壳费安排对借壳方股东是最直接的，通常需要借壳方股东真金白银往外掏钱；置出资产的利益安排次之，需要用置入资产的估值来消化，置出资产会冲减借壳交易估值进而减少发股数。但以后续股票上涨作为壳费安排对借壳方是种稀释成本，总体敏感度不是很强。

这种壳费安排比较常见，也有人认为没有现金和直接利益输出，也可以理解成不算壳费。这个问题如何来看，若从广义上来看，对原股东的利益安排逻辑我认为算是壳费，要看借壳方是否掏口袋也可以不算。此种安排比较适合借壳资产盈利强、成长性好，能够支撑高股价的借壳交易，通常对于壳方股东持股比例越大效果会越好。

4. 单纯壳费补偿

有些借壳交易比较极端，可能既没有存量股转让也没有资产置出，且后续资产也很难支撑过高的股价，那么就壳费的安排可能就简单粗暴了。可能会安排为借壳方对壳公司控股股东的直接利益补偿，此种

壳费表现得最为直接具体，简单点就是重组借壳要控制权没问题，拿钱来！

实践中该种方式其实不常见，因为单纯壳费安排的说明交易没有太多的利益共赢，本身交易就很难达成共识。另外，壳费的处理在技术上也不太好实现，尤其对国有企业的买家而言师出无名，几乎是没办法处理的。

对民营企业而言，单纯补偿式的壳费在账务处理上也比较别扭，进不了长期股权投资成本，也进不了资产处置损失，在税务层面其实也是比较难说得清楚的。在实践中，无论是对企业家还是对投行，都是智慧和胆量的考验。

最后，说几句壳费和借壳成本的区别与联系，这两个概念比较容易混淆。个人观点，壳费是借壳成本的部分但不是全部，借壳成本除了壳费还包括中介费用、股权比例稀释和规范成本等，其中股权比例摊薄是借壳最大的成本。要理解这两个概念可以打个比方，如果说壳费是结婚给姑娘的彩礼的话，那么借壳成本有点像婚礼的全部花销或支出，那涵盖的就多了，包括媒人的好处费，还有婚检的花费、拍婚纱照和订酒店及后续蜜月旅行的支出等。

看了这篇文章后，别再总问现在壳费大概需要多少钱了，会被专业人士鄙视的，切记！

阿毛语录

　　借壳的本质是上市管制带来的稀缺性价值，在证券市场的交易变
现形式。

如何计算 A 股借壳成本

一、借壳成本该如何计算

　　业务实践中客户经常会问到借壳成本，也有人会有不同的算法，
有人认为借壳成本是借壳时的利益流出，诸如支付给对方股权转让款
和无偿送还的资产等，也有人认为借壳是壳公司的股票总市值。

　　个人观点，借壳的成本应该是借壳实现后的合理市值被摊薄的部
分，即上市形成的无对价权益损失。

　　按常规借壳方案计算，比如壳公司市值 15 亿元，借壳资产利润 3 亿
元，交易估值 30 亿元，借壳完成后借壳方持股比例总计为 66.67%。假设
交易完成后 30 倍 PE 总市值 90 亿元，则借壳成本 =90×（1-66.67%）=
30 亿元。

　　当然，上述是常规的借壳方案，若交易中涉及对原股东支付存量
股转让款和壳费等算额外成本，但涉及置出资产的无偿送还则无需另
行计算。

二、A 股借壳成本大概多少

每年 A 股发生的借壳数量不是很多，按照上述计算方式是能统计出 A 股借壳的平均成本的。根据通常的交易规模和利益平衡实践，个人初步估计，A 股借壳的成本应该在 80 亿元至 100 亿元之间，当然未必精准。

其实，这个成本在借壳交易实践中大体是能够得到支撑的。什么概念呢，就是说无论壳公司市值多大，通过借壳上市公司老股东持股市值需达到 40 亿元以上，才能够基本满足原有股东的诉求。简而言之，若壳公司市值 15 亿元则需要股价翻 3 倍，若壳公司市值 20 亿元可能股价翻 1 倍就 OK 了。

当然，交易体现的是参与人的意愿，上述利益诉求只能说有代表性，也具有一定的时效性，当然不排除有极端的高或低诉求者。也有素人说非仙女不娶，也有王子娶了灰姑娘等，但这些不在讨论之列。

三、通过借壳成本看利益平衡方式

对于借壳方而言，借壳资产对应的二级市场估值也决定了借壳交易中的大致股比。比如借壳后能支撑 1000 亿元市值，那股权稀释 10% 即让渡 100 亿元市值给原股东就能实现借壳。若借壳资产只能支撑 200 亿元市值，那么借壳后股比能超过 50% 就阿弥陀佛了。

有人说不对啊，股比是由壳公司总市值和借壳资产的评估值决定的。怎么说呢，借壳资产的评估值是最终股比实现方式而已。换言之，借壳的成本只跟最终总市值和股比有关，而跟该股比的形成过程无关。

所以，不考虑评估压力，相同借壳资产面对两个壳，一个 10 亿元总市值对方接受交易估值最多 20 亿元，另一个 20 亿元总市值对方接受交易估值最多 50 亿元。显然，20 亿元市值壳的重组成本要低于 10 亿元市值的，也就是说小壳未必比大壳便宜，成本的核心在于股比安排。

四、小盘股市值与借壳成本的逻辑关系

借壳操作实践中，通常的壳公司的市值都在 10 亿至 20 亿元之间，似乎市值超过 30 亿元就很难被借壳了。可能有人据此提出疑问，既然壳成本在 30 亿元以上，那怎么会有 30 亿元市值以下的公司呢，明显被低估了，股价应该分分钟被炒到 30 亿元才对啊？

个人观点，虽然理论上每个公司都能被借壳，但每年借壳发生的案例很少，其实单个公司被借壳的概率不高，从借壳成本来推断每个公司的合理市值是有问题的。就好比买彩票理论上能中 500 万元，每个彩民的身价不可能都按 500 万元来估值。市值越大被借壳的概率越小，比如，30 亿元市值壳被重组的概率可能不及 30 亿元市值壳的 1/5，而超过 40 亿元市值的公司被借壳的概率就已经接近 0 了。另外，将小盘股简单地等同于壳公司也是不科学的，壳公司不是个客观类别，

只有在借壳交易中才存在。

另外,影响二级市场股价的因素太多,被借壳预期仅仅是其中之一。况且股民对借壳的概率是没有判断力的。所以说通过限制红筹回归和提高借壳难度等政策来抑制小盘股被炒高,是缺乏基本逻辑支撑的。简而言之,小盘股的股价与借壳操作难度之间的关联性低到可以忽略不计。

五、借壳交易为什么难达成

通过对借壳成本的有效认知,有利于借壳交易的利益平衡,也就知道了为啥每年无论并购交易多么活跃,而借壳交易永远是那么几十单。对交易达成条件缺乏认知就会变得不靠谱,比如借壳资产太差或者壳太大而你依然沉迷其中等。也有人认为自己手里有壳,似乎距离交易咫尺之遥为什么就做不成呢?

其实,对于借壳交易而言,交易诉求离交易达成非常之远。每年市场能够接受被借壳的公司有几百家,符合借壳条件的拟借壳公司也有几百家,最终也就那么几十家能达成交易,交易达成概率应该是10%以下。为什么多数人在撮合交易中很难成功,是因为都在那没戏的90%部分猛用力。

所以,判断力和筛选能力是中介核心能力,光有热情、勤勉与执着是没多大戏的,要多思考多积累少碰运气,否则只能洗洗睡了。

伍

舍弃小我，娱乐众生

——投行人的自嘲与沉思

阿毛语录

　　飞机上发盒饭，不知为何没给我，当空姐路过的时候，我轻声问了句，你是不是把我给忘了？空姐满脸疑惑地说，有点眼熟，但想不起在哪里见过。

我所遭遇的那些小尴尬

　　微信里，有朋友引荐了个重要客户，对方很客气地说久仰大名。我本来想打字"初次见面幸会啊"，一激动打成了"初次见面幸会吧？"对方稍微沉默了下，回复说是的是的十分荣幸。

　　使用手写输入法有时会闹笑话，尤其开车或者着急时，比如约监管部门领导汇报项目，领导说没时间下周再安排吧，本想温柔地回复"好的"，结果不小心回成了"妈的"！

　　客户约喝茶聊个项目，本想回复"好的"，结果不小心打成了"好饿"，关键是自己也没注意。过了挺久，客户回复，"抱歉啊兄弟，我晚饭约出去了，茶馆好像有便餐面条水饺啥的，我帮你安排下。"

　　出差客户说会安排接站，出站见面后对方热情伸出手，我立马配合把背包递过去，对方略有停顿但还是接过来背上了。一路上谈笑风生，才知道不是司机是老板。估计刚才人家是想握手来着，唉，大意了！

　　为方便记忆，手机联系人偶尔用简称，比如张外卖、李国资或陈

杭州等。有次跟珠海周姓客户通话完，存号码时误操作成了发短信，估计把对方整蒙圈了，回复问周珠海是啥意思。我灵机一动说，想问下这周您在珠海不，打算当面拜访下。

跟客户约了同班飞机出差，候机时聊得还行，原本打算飞机上继续畅谈来着，上了飞机发微信问客户：我在66H，过来不？客户说：我在2A，过不去！

平时见人多且有轻微脸盲，有时不免有小尴尬，有次递名片时恭敬说了句，美女请多关照。对方笑说劳哥咱们见过。为了缓解尴尬，我装作恍然大悟的神态，原来是你啊，换了身衣服都认不出来了。

公司风控部门执行力太强了，把我拉群里发完红包，我正酝酿想讲两句，推敲了几句别出心裁的新年寄语准备发出来，发现已经被踢出来了！

在机场面馆吃面时，着急充电于是拔了脚下的插头，有小姑娘满头大汗地赶来说，哥，那是门外哈根达斯冰柜的插头。

朋友开车送我赶飞机，时间紧路上堵朋友很焦急。我安慰他说，当担忧迟到时，通常迟到的可能性还是远小于不迟到的。另外，欲速则不达，着急最多抢出3分钟意义不大，尤其对于焦虑而言更不值得；另外，没准飞机延误了呢。朋友听了表示很赞同，开车也从容了很多，到机场果然……飞机飞走了！

到客户楼下停好车，下车开始扎领带，有位大哥凑过来问：热吗？我说当然，又问为啥扎呢，我说要办正经事，得看着像个正经人，大哥拿起大茶杯咕咚喝了口，点了点头。

　　参加竞标，我西装革履打领带，非常自信地行走在都市街头，想找人问路。刚说了句对不起打扰下，对方连忙摆手说，不需要不需要。

　　老婆孩子出去玩了，我发现自己没用过洗衣机，研究了半天小心翼翼地放了衣服进去，又像模像样地倒了洗衣液，潇洒地按了启动键就出去浪了。半夜回来收衣服，吹着口哨貌似熟练地把衣服都挂起来，心想全自动洗衣机就是牛，衣服居然都甩干了，挂到最后感觉有点不太对劲，抓起袜子闻了下，原来根本就没洗成。坐在沙发上陷入了沉思，怎么说呢，还是敏感和习惯性机智救了我。

劳阿毛
并购新说

投行其实不是啥精英，都属于平民范畴的，因为没有权力也无大富贵，最后只能混个打车不看表、吃串不计数的小小洒脱而已，内心时而自信时而自卑，冰火反复，易迷失。

投行人易有的毛病，你中枪了没

一、没有模板不会干活

投行与监管打交道的相关申报文件都有严格的格式要求，这几乎扼杀了投行在文件拟制方面的创造性。投行工作中能找到文件模板就欣喜若狂，找不到模板就黯然神伤。甚至在借鉴别人文件的时候，简单粗暴地往下扒，很多基于对方案例个性化的语言或说法都缺乏分辨能力，一切皆拿来主义。

试问一下，简单的一页纸承诺函，没有模板就憋不出来，这还是投行吗？到底是能力问题、意识问题，还是信心问题？

二、欺负其他中介

说欺负不太好听，确切说是非专业化的强势。投行是金融服务机构，与其他中介机构共同服务客户。在项目中，投行需对其他中介机构的工作进行分工协调，按照既定时间表来推进项目，处于相对强势地位。但是强势是角色强势，更高级的应该是专业强势。

欺负其他中介主要表现为推活揽功踢责任。推活是分工不明确，把原本应该投行干的活，比如方案设计、时间表拟定、分工安排及重大事项的组织讨论等，简单地肢解分给其他中介，活不干心也不操。通常而言，推活和揽功踢责任是相关联的，事情成功了冲到最前面，又敬酒又合影又接受采访的，出了问题首先想到的不是如何解决，而是一脚把责任踢给别的中介，先把自己择干净。

协调不同于领导，角色强势不等同于粗暴，有担当才有愉快合作，效率自然提升，也符合客户的最大利益，最终投行也跟着受益，同时赢得尊重和口碑。

三、老板面前，好为人师

通常而言，投行作为专业服务机构，在本专业方面具有先天的优势。同时接触的案例较多，对企业的规范运作、业务梳理等如何符合监管部门要求及投资人的投资取向应该有所见地，否则就丧失了专业机构的价值。

不太赞同跟客户老板讲太多行业和管理方面的东西，因为每个老板都并不简单，尤其在所处行业和企业运营管理方面，都有独到之处甚至会有些自负。投行从业人员多数都没有太多的行业经验，也鲜有

经营企业的经历，所以在行业和管理方面好为人师是不明智的。企业家会礼貌性地点头，但内心多半会有不屑。投行在行业与管理方面能与企业家对话即可，多听少说，即使不懂也不丢人。

四、有工作，没生活

经常用一句话来形容投行人的心理状态，忙的时候真烦，因为没有时间顾及生活，不忙的时候也烦，因为担心业务减少影响收入，进而影响了生活。

投行人多数都会感觉颇有压力，一边在辛苦地忙碌，一刻也不愿意停息，一边在抱怨生活如此之困苦，好像在此间永不停息地纠结与摇摆。对很多人来说，最爽的事情莫过于周末穿着休闲服来办公室加班。一方面休闲服暗示的是放松与惬意，一方面加班传递的信号是我依然在努力，即多数人都休息了我还在干活，因为额外的付出让心里更为踏实和有安全感。

工作努力的目的是生活得更好，为工作而舍弃生活，其实是一种畸形的强迫症，说不好听点，像谁谁那样，英年早逝不是啥牛的事儿。

五、拒绝坐班，宅并堕落着

投行工作出差是家常便饭，办公室里面通常人都很少。但是，有很多投行人士平时基本上不坐班，有业务茶馆谈，有项目忙出差，没

事了就宅在家里，感觉好像这是一种很自在逍遥的生活工作方式，多美啊，在家看着电视吃着瓜子还有工资拿。

其实，这非常危险。

办公室坐班最重要的意义是能区分工作与生活的场景，这对个人的角色切换和状态调整非常有意义。因为多数人是有惰性的，在家宅着的时候，没有工作的氛围和伙伴，也很难进入工作状态。另外，缺乏必要的交流也不利于团队的融合与文化建设。在办公室里面大家热烈地讨论，就算话题跟工作关系不大，对开启思维交流思想也是有益的。

宅在家里，一时美，长久悔！若无特别强的自控能力和事业心，本质就是一种自甘堕落，投行需要的是团队作战和信息更新，需要彼此之间的多多交流。所以，来办公室吧！

六、的确良裤子，苞米面肚子

基于工作性质，投行从业人员会频繁接触企业家、政府官员等社会上流人士。从收入角度而言，投行在打工者行列里面也算还可以，有些可以达到中产阶级水平。但投行与企业家的财富无法比拟，与政府要员的权力更不可相提并论，但是在类似群体中整日穿梭，久而久之会有心理暗示，感觉自己也是有身份的名人。

其实，没啥身份，就是有身份证而已，不是名人，就是一个人名。

所以说，投行作为金融服务者，属于衣着光鲜的普通人群，真别太拿自己当回事，时刻需要冷静来抵御虚荣与浮躁。即使对红酒有些

研究，可以背着爱马仕出门，出行坐头等舱，酒店全部五星级，本质上也依然是平头百姓，也就是二两散白酒半斤猪头肉的水准。

另外，名片上的头衔是糊弄人的，还需认真考虑在每个项目中自己的角色与分量，别因为挂个自己名字的项目就感觉是自己主办的，拿挂名经历攒资深的浮名，最终成了投行界的南郭先生。

七、监管面前，傲骨尽失

监管权力确实可以对项目生杀予夺，投行跟监管沟通态度好及足够谦卑是可以理解的，但是还要兼顾人格尊严和观点客观。每次沟通都有大篇幅的赞歌铺垫，说正事的时候却草草收场，似乎总有我主皇恩浩荡的意思，让人总是联想起宫廷戏里面的场景，听得鸡皮疙瘩掉满地。

不知监管部门听到溢美之词都作何感受，若换位思考，我倒是希望能够听到言之有物的观点，那些言不由衷的长篇赞美，是听多了其实也烦呢，还是时间久了不听不舒服呢？换种沟通语气，未必效果有折扣，自重才能得到尊重，傲气不要傲骨尚存，可以试试。

八、交友无原则

投行人男性居多，荷尔蒙泛滥属于天性，但工作应与生活分开，这点大家都懂，不多解释。

阿毛语录

　　对于投行新人而言，能把交代给自己的事做好，交出超预期的答卷，就是典型的人才。另外，坚持会带来正向的积累，若总认为事太小而不屑，想力挽狂澜和走捷径的，若干年后会发现，自己除了对怀才不遇的抱怨外，只有脚下的窄路与内心的彷徨了。

投行成长：那些人，那些路

　　现阶段，投行服务多以卖方业务为主，故此对多数投行机构而言，最核心的生产要素还是人。投行从业者的培养主要是围绕做项目展开的，提高项目成功率和客户的满意度，这是投行及投行人的核心竞争力，当然有特殊背景和资源的除外。

　　投行新人的专业基础好坏和起点高低没想象中那么重要，因为学校学的知识跟实务还是有很大差别的。投行能力高低一方面要看自身条件，通常聪明和勤勉需要至少占一样；另一方面要看团队环境与项目机遇。从团队环境而言，可能入行跟对了人，事儿就成功了一多半，当然靠运气可遇不可求。从项目机遇来讲，足够多的项目历练是新人成长的前提条件，项目经历最好是数目多且类型繁杂，有成功也有失败最好。项目成功可以树立自信，失败可以吸取经验，另外项目数量决定成长的效率高低，几年憋个大招儿的那种，人多半就废了。

劳阿毛
并购新说

投行人都要经历从新人到成手的过程，再成熟的大叔也有过青葱岁月。对于投行人成长而言，最少要经过几年的历练才能在客户面前不讲外行话。在不同的阶段要求不同，心理状态也可能差异很大。

一、项目经理阶段（从业 1—2 年）

这个阶段中大家都是新面孔，睁着好奇的大眼睛，对未来无比憧憬，但是工作却非常枯燥单一，主要是协助进行尽职调查和项目申报材料的制作，还不能做太多的文字性工作。这个阶段的成长要求是非常感性的，偏程序性的，主要是能够按照领导的要求向客户要材料，同时知道项目申报都需要哪些文件。

对于新人而言，这个阶段会感觉收获最大，相当于在白纸上画图。这也是容易洋洋得意的阶段，尤其是亲手做了第一套申报材料并且完成报送的时候，感觉这就是在做项目。对材料和程序的熟悉会形成非常强烈的错觉，认为这就是投行业务的全部。尤其是在项目协办或者参与人上签署自己的名字，在项目信息披露后通过百度居然能够查到，内心充满喜悦，甚至会把链接发给爱慕的妹子炫耀下。

这个阶段的人通常都会有点小遗憾，会感觉跟客户沟通机会太少，面对更多的是文件整理，跑得最多的是印刷商，心中对于项目掌控及高层沟通充满了向往，认为那得是件多牛的事儿啊！

这个阶段，客户通常称呼你小王小张。

二、高级经理阶段（从业 3—4 年）

这个阶段开始对项目稍微有点感觉了，对于投行的高级经理而言，不但要求能够组织申报材料，与其他中介机构进行业务沟通，更重要的工作是承担文字工作，就是动手敲键盘，包括方案材料及大部分的申报内容。同时在技术上给项目及客户一定的支持，对于项目中存在的简单问题能够给出基本的解决建议。

我认为高级经理阶段的投行人是最纠结和痛苦的，因为在知识和业务技能的积累过程中特别容易有挫败感，容易怀疑自己是否真的适合这一行当。知道得越多越会感觉自己的不足，同时项目过程中的各种技术要点实在太过纷繁，很多都是知其然不知其所以然，尤其客户和其他中介一较真儿，立刻自信全无，要么求助领导，要么自己生自己的气，揪头发摔杯子，电话里面跟女友发脾气等。

其实，这个阶段也是飞快地成长的阶段，很多内心的纠结与痛苦其实都是成长的磨炼。非常可惜的是很多人在这个阶段轻易地否定了自己，没有在投行这个行业里面坚持，而选择了转到自认为更为轻松的行业。把自己在投行里面积累的一些对程序和材料的熟悉，当成了自己择业转型的资本，看似求得更大的发展，其实是煎熬下的逃避与放弃。

在这个阶段，多称呼为王经理张经理，被人称呼某总的时候会不好意思，称呼为小王小张的时候，微笑答应其实心里有小小不情愿。

三、业务董事阶段（从业5—7年）

投行的业务董事应该能够独立地组织单个项目的承做，作为现场负责人摆平中介机构和客户，协调推进整个项目且不出现低级错误和重大纰漏。合格的业务董事能够在项目运作中作为客户与投行领导的交流屏障，简单点说就项目的多数问题不会再绕过业务董事找领导，这个业务董事就算基本合格了。

通常而言，业务董事除了项目协调外，也会做些属于高级经理的活儿，比如方案的拟定和项目中重要的申报材料。业务董事也开始分化，个别的开始脱离了具体文字工作，其实这对于业务董事而言是很可怕的事情，要么是懒要么是太过于自大，陶醉当领导的感觉，简单把所有的活儿都分配下去，自己每天跟客户吃吃喝喝，吹牛败火装资深，其实离废柴不远了。

多数业务董事还是继续成长着，业务董事通常在这个年龄都已经娶妻生子，因为有了老婆，通常抗压抗折磨能力都显著增强，有了孩子责任感会更重，对待工作都比较认真和审慎。偶尔也会出现不太自信的时候，但是还不构成严重的纠结，用自我心理调节基本可以平衡化解。

这个阶段，中介和客户会称呼王总张总，若名片上印的是董事，可能还会叫你王董张董，会有人跟你讨论你们董事会有多少人啊，这么年轻就是董事了等。还有，无论你结婚与否，会感觉满世界人都在给你介绍对象，恨自己分身乏术，无法雨露均沾啊！

四、执行董事阶段（从业 8 年以后）

执行董事简称 ED，跟某种著名的男性病有相同简称。我猜想，可能意味着必须年龄大到一定程度，甚至是身体机能都有了显著退化后，方可以胜任这个职位。

执行董事应从承做项目中脱身出来，在项目承揽、客户维系及监管沟通方面进行更多的工作。从项目执行而言，需要对业务董事等现场项目负责人进行调度协调。最大的作用就是让客户感觉到，见或不见，我都在那里，项目一直在我心中。关键进程和节点我都掌握，重要问题心中也有数，重要时候人也会出现，当然来去匆匆一副日理万机的模样。

这个阶段的心理状态可能会有些疲惫，项目经历多了，见识也就多了，同时年复一年的感觉除了年龄逐渐老去，在业务上的提高有限，甚至开始想啥时候能退休就好了。其实依然在进步，很多东西包括对人对事还是在心中积累并且发酵，进入到一种润物细无声的自然状态。

这个阶段，都叫你王总张总，但是自己怀念且喜欢那些小王小张的称呼，虽然心态感觉尚可，但是眼神和身材已经骗不了人了。

阿毛语录

ED 不是一种病吗？ #一句话证明你不懂投行#

投行路上欢乐多①

一、卖拐之术

在刚入行的时，曾代表客户去谈一单收购，目标公司最核心价值是位于繁华地段的烂尾楼资产，临行之前大家内部讨论收购谈判对策。作为新人被问到本项目谈判关键所在时，我理所当然认为是出价，买东西嘛还有比价格更重要的因素吗？

领导摇摇头说，项目关键不在钱而在人，目标公司管理层的态度将决定本次收购的成败。因为目标公司已经成为所在国有集团养老的场所，管理层会担心自己失业。大家遂建议收购方承诺三年内管理层级别及工资待遇不变，以防止管理层反对。领导依旧摇头说，定心丸力度可能还远远不够。

后来在谈判的时候，领导进行大概如下的陈述："我们收购目的在于不良资产的有效盘活，但收购方缺乏该领域的经验，所以，我们既

---

① 谨以本文记录投行路上那些销魂的点点滴滴，纯属娱乐，切勿对号入座！

看中了资产也看中了团队，希望政府及集团能就现有管理团队的稳定性给出承诺，否则，这个交易我们没办法做……"

不出所料，我们代表的收购方在众多竞争者中胜出，对方管理层的认可态度起了很大作用。事后我问领导，您把遗老遗少抬这么高位置，他们自己相信吗？领导说，每个人在潜意识里都会认为自己还行，这是生存的最基本条件，人很难在赞美面前做到足够的理性。

二、定向爆破

记得非公开发行刚可用作并购重组支付工具的时候，我们正好赶上某著名的危机上市公司重组，那时非公开发行通常都用"定向增发"这种叫法。在向政府汇报方案时，最重要的工作是向领导们解释什么是定向增发和其在方案中的作用。记得当时市长有句非常经典的话："定向增发是什么东西啊，我只听过有定向爆破！"

三、遭遇屠夫

当年做某屠宰企业的重组上市，晚上住在客户的招待所里面，因为房间淋浴条件太差，所以晚上去楼下浴池洗澡。很不幸遭遇了杀手级别的搓澡师傅，一顿猛搓，第二天醒来好像睡了整夜的砧板，龇牙咧嘴努力好久才起床，遂对负责接待的企业办公室主任抱怨，您这师傅也太猛了，差点给我搓报废了。该主任诙谐一笑，您有所不知，该

师傅以前在屠宰车间工作，因表现出色，刚被调到浴室上班。

四、最强告假

某年正在项目最紧张的时候，项目组某人准备周末回京，遂与客户告别说有点事情要走几天。客户说项目正紧能否推迟几日，或者安排其他人去。某人面露难色说可能不行，因为要回去结婚，延期难度大，安排他人也确实有些不妥。项目组有几个年轻人士听了都跃跃欲试，最终被婉拒。

五、意外来电

某客户的同乡不幸遭遇车祸身亡，该客户在清明节回家时，特意安排去上坟，在同乡墓前祭奠感慨人生之无常。突然手机收到短信："兄弟，你回来了？"客户头皮发麻大惊失色，心想我这纸还没烧完你就知道了啊。这时手机铃声又响起来，客户望着屏幕已故同乡名字，在无比忐忑中壮着胆子接起了电话，盘算着阴阳两界连线到底该如何嘘寒问暖。

电话那端传来的是个女人声音，原来是同乡老婆用了他之前的手机，得知该老总回乡想请吃饭，虚惊一场！想想，电信或联通的漫游服务，若真的能覆盖至阴阳两界该多好，包月客户得不少，比如听个家驹国荣现场演唱会啥的。

六、牵强的协同

某地产客户拟收购某国有 LED 企业，准备在给政府报告中大谈产业协同。大概的意思是我要盖房子是吧，房子得需要灯啊，以后我盖的房子里面的灯全部都用对方的 LED 产品。两家形成上下游的关系，并购之后的产业协同明显。征求财务顾问意见，我们明确持反对意见，认为两个行业没有真正的协同。但客户老板十分坚持自己的观点，说我们教条、书生气。

我们表示，产业并购可以讲协同故事，但有关联性和产业协同还是俩概念，若盖房子与卖灯泡是产业上下游，那么杀猪的和卖刀的也是，还有啥开饭店和卖炒锅的，影视公司和整形医院等。

客户听乐了，遂不再坚持。

七、封皮去哪儿了

在刚入行的时候，并购重组的申报材料多数由投行人员自己装订制作，所以，在那个时候每个投行人士都是名出色的手工艺人。打印装订贴封面等场面也比较大，文件纷飞而剪刀、不干胶齐上阵。但毕竟自己做的东西，照现在的专业印刷商还是相去甚远。

记得在与监管部门沟通时，预审员拿着项目材料那叫个惨，基本上处于要散架的状态。更为可笑的是封皮不干胶居然脱落了，分不清

劳阿毛
并购新说

到底是正本还是副本。会议室里大家左顾右盼地找封皮。当时年轻眼睛好，发现封皮的不干胶粘在了预审员丝袜上，遂婉转提醒，老师，封皮在……在您大长腿上！

每个新人都要经过蘑菇期，即在周围人都不太关注下独自成长，虽然环境可能阴暗寂寞冷，但内心还是要积极阳光，就算看起来是香菇的样子，也不妨碍有颗灵芝的心。

如何理性看待考核

　　每次年度考核结果出来时，总是几家欢乐几家愁，因为总会有优劣差异。考核成绩好的，会很欣慰自己的努力得到了认可，结果不太理想的可能会郁闷抓狂，甚至认为自己受到了不公正的对待。

　　好像跟老同志相比，新人会更关注考核，老同志级别高奖金多不那么在意吗，好像也不是。确切说是在一个团队时间久了，无论是自我还是周围的评价标准会更综合，甚至无需再凭借某年的考核来证明自己，每到年底看下考评分数听下奖金额，一笑而过。

　　新人通常还是比较在意的，尤其是刚毕业没多久的同学，希望考核能给自己个交代，寻求个外部认可与定位。另外也可能是学霸心理还在，习惯了分数排名领先，却忽略了平台上还有诸多的牛人。投行工作如此辛苦，自我感觉也良好，最终却发现考评不如别人，说是委屈不如说是耻辱，总之挫败感十足。

　　但是这些又是必须要面对的，如何理性看待这事呢？

绩效考核的目的在于评价与区分，从程序角度追求的是客观与公平，但是程序正义带来的并非绝对的结果正义，任何考评结果都不可能百分之百公平。

首先，在上升的团队中，特别像是群体马拉松，最终的结果总是会有差异。但这并不意味着是对个人的否定评价。尤其在诸多优秀选手参赛的情况下，每个人的特点都不相同，有人是起跑速度快，有人是有后劲耐力好。记得曾经有被认定不适合做投行的同事，最后也成长得十分优秀。也有曾经让人眼前一亮无比欣赏的新人，最后昙花一现。人生很长，客观认识自己不易，就怕在刚出发的时候就乱了节奏，最终影响了成绩也坏了心情。

其次，辛苦是优秀的组成要素，但并不是优秀的全部。优秀包括责任心和解决问题的能力，人会习惯性把苦劳等同于功劳。另外，每个人对自己的评估都是略高于客观的。在辛苦一年后，更多要思考下自己的收获和不足，其实人的成长从根本上而言是纵向的并非横向的。只要你认为自己在成长和有收获，简而言之自己跟自己比，这才是最重要的。

再次，客观而言，新人在考核中确实容易吃亏，既有运气成分也有信息不对称的因素。比如你没有分在成绩牛的组，没有遇到特别光鲜的项目，或者你的勤勉和能力并未得到全方位的认知等。可能委屈会有，但在追求公平的团队中，委屈应该是暂时的。在有效的竞争中，市场会给你公平的定价，持续的怀才不遇是不存在的。

最后，每个人的价值应该有多维度评价，既包括绩效评价也包括

自我评价，还包括周围同事和客户的评价等。若委屈真的存在并被人看见，那么看得见的委屈不算委屈。若不被认可的委屈，可能就是客观不存在的，或许是自我评价出了问题，可能需要更多自我反思才行。

简单而言，若考核足够客观，也没啥可抱怨的；若考核不客观，自己其实比评价结果优秀，那应该高兴才对。决定未来身价的是自己的努力与沉淀，外在评价不是原因是结果，向内寻找答案获得自我认可，对周围人的寒暄式赞美，可以抱有期待但绝不能过分依赖。

总之，认真成长快乐生活，手里有剑行天下，心中无码气自华！

阿毛语录

人生有时候要倾尽全力地去赌，然后做好接受最坏结果的准备。

告别无效纠结

某年，公司例行招实习生，经过初步面试电话通知某小哥（姑且称为纠结哥）可以过来上班，他电话里面说考虑下后给答复。我理解他此时处境，每个人都是从新人过来的，尤其是在对各种机会缺乏足够的筛选能力时，似乎犹豫纠结在所难免。我说等考虑好了给我打电话。

其他实习生都陆续到位上岗，由于工作上事情比较多，我几乎忘记了纠结哥的存在，当某天我接到他电话时甚至还有些意外。他说还在犹豫中，征求了家长、女朋友和导师的意见后仍没有下定决心，希望跟我再探讨下，并购业务在中国到底有没有发展前途，参加实习后能否肯定拿到正式的 Offer。

因为时间有限，我大概说了对市场和实习就业的看法。核心就是并购业务在国内目前处于上升期，而华泰联合在并购领域处于相对领先的地位，总体大环境还是比较不错的。另外，实习后能否正式给 Offer，需要公司人力部门经过招聘程序后确定，主要取决于实习生的条件和实习表现。纠结哥说再考虑考虑，就挂断了电话。

后来，纠结哥又打了几次电话，每次口气都犹豫得不行，有时候在电话里面叹气。每次讨论的问题都差不多，基本上就是寻求各种承诺与安全感，恨不得听见中国并购市场未来必须是黄金十年，还有只要实习就肯定接收的类似表述。

最终，纠结哥没来实习，坦诚讲，他即使实习也几乎没有机会拿到 OFFER，因为他不适合投行这行业。他在纠结时，其他实习生已经干得热火朝天了，有时晚上离开办公室的时候，会看到加班的小朋友与我挥手道别，灯光下表情都很鲜活和阳光。

纠结看起来跟理性很像，其实正好相反，是种无效情绪，本质是既对自己判断能力不自信，同时又对结果有着非理性奢求。人生面临太多的选择，无法在做每个选择的时候，都有很确定的结果作为前提，有句古话叫作"尽人事，听天命"。人生路最终取决于自己的能力、心态和运气，外部环境和机遇等我们无法掌控，只能保持好的心态听从命运的安排。

尤其对于年轻人而言，真的没有啥可纠结的，大把的时间可以试错，就算误入歧途也有机会自我调整。而且，行业有无前途与个人干得怎样也没啥大关系。另外，人生有时候要倾尽全力地去赌，然后做好接受最坏结果的准备。

还有，每个人都是自己价值观的践行者，比如实习与 OFFER 而言，那些认真努力工作的实习生，很大概率都获得了留用的机会，通过自己努力获得了想要的结果，坚定了自己付出就有回报的想法。那些感觉得到 OFFER 可能性不大，不用心实习而抱着刷简历想法的实习生，

最终自然得不到留用，对于他们而言，也会想亏得没做牛做马，否则可亏大了。

人世间很多道理都是相通的，耕耘与回报相对应，心不诚无挚交，不敢赌，自然没有赢的机会。

投行人眼中的其他机构

一、律师

● 律师专业水平主要取决于项目经验，法律的范围很广，专业做诉讼的律师在证券业务方面多半等同于法盲。另外，项目经验积累也很重要，律师的专业分工已经非常精细了，比如，证券律师里已经分流出专业服务于并购重组的律师。

● 除极少数大所之外，目前中国的律师水平主要看个人，遇到过大所很差的律师，也遇到很多小所很专业的律师，差的律师有个共同点，把律师当作生意，重在关系营销，而忽略专业的重要性。

● 在中国现行体制下，投行抢了很多原本属于律师的工作，某种程度压缩了律师的工作空间，对于并购重组项目而言，律师水平的高低对于项目的成败影响不大，但是决定了对投行工作的分担能力，故此，投行对于律师的选择会比客户更为在意。

- 律师的最低标准是给模板能出法律意见和交易协议文本；稍好点的律师能对相关企业进行法律尽职调查，做到不留死角地发现需要规范的问题；高水平的律师既能发现问题也能解决问题，同时能将化解法律风险和促成交易二者进行平衡。有的律师遇到问题就跟客户说不，拼命找各种理论上的风险去否定交易，以吓唬客户为己任，看似严谨其实是业务不自信的表现。

- 因为证券律师资格的取消，律师在投行项目中已经没有任何的牌照溢价，竞争非常激烈，很难支撑高额收费，赚的确实也是辛苦钱。但是律师行业是剥削体制，小律师得以糊口，大律师多是土豪。

- 少数大所的机构综合实力很强，业务能力对律师个人的依赖性不高，所以大所年轻律师的流动性很强。一方面大所项目多律师专业能力成长较快，另一方面大所晋升合伙人很困难，有一定经验的年轻律师转行无论是做投资、投行还是企业法务性价比都很高。同时也易被中小律所挖走，作为其增强特殊领域业务能力的举措。实践中，从某些律师的文件风格和工作习惯，就能推断出他以前应该是在某杜某伦工作过，文件风格就好比律师的胎记，一旦形成不太容易改变。

- 可能律师从业久了，对业务容易有审美疲劳，这点内资大所比较明显，故此，大律师基本两极分化，一类非常拼命快熬到吐血，一类基本不干活，钟情打球和做生意；外资所的中国律师特别钟情英文表达，邮件沟通特别不喜欢用汉字，港台律师头

发银白的特别多，不知道是累的还是染的。

- 离婚率高是律师行业的特点，因为有的律师工作太忙会疏于家庭关注，同时因职业性质应酬多而易滋生误解。另外，律师离婚成本不大，因为其最大价值在于自身能力与业务，留得青山在，不怕没柴烧。

- 小律师多有法律职业理想，大律师很容易商人化，重利轻别离很常见。

二、财经公关

- 财经公关也是金融服务机构，在中国现状下干着那些性价比不高的活儿，既不像券商有着牌照优势，也不像律师及会计师靠专业，因为其比较辛苦和市场化，单凭这一点，财经公关更应受到尊敬。

- 看到对财经公关有诸多诟病，认为其是不当利益链的产物。个人感觉，这是环境使然也应该是阶段性的，同时又产生了媒体寻租现象。财经公关第三方费用的小秘密市场皆知，但若利益泾渭分明也很难实现协调媒体功能，姑且理解成为其完成工作的一种方式吧。

- 投行、律师、会计师、评估师等机构和财经公司一样，都是服务于客户让客户爽的，某种程度而言都是当前制度的受益者，虽然分工有差异但彼此没有本质不同，剃头的就别在修脚的那

儿找心理优越感了。

- 莫对财经公关有过高的期望，一个财经公关公司若能在信息披露时对市场舆论进行适当引导，能跟机构投资者和公众投资者沟通进行充分信息交换，避免因为沟通不畅导致股票低估和股东大会否决，同时在组织好系列酒会路演等仪式时尽心尽力不出纰漏，已经挺好了。因为财经公关也是机构，没办法搞定一切，但应有尽力搞定一切的职业态度。

- 媒体协调，主要是防火并非救火，出了负面消息最优的方式是冷却处理，删掉或者辩论对骂更多的是火上浇油。

- 我初始跟客户一样，对财经公关的新闻通稿表示不满意，认为专业性一般，亮点好话说得不够。后来逐渐理解了，新闻通稿最终形成的是新闻，专业性一般和看似客观才更像新闻，专业要求高就成了行业研究报告了，亮点好话说多了就成了商业广告了。

- 财经公关年轻人较多，因为这个行业非常年轻，同时工作辛苦需要活力，对专业性要求相对不高，财经公关公司既要表现出金融服务机构的严谨和可信赖，同时也要兼顾创意和沟通的亲和，财经公关领导都穿着讲究，一本正经，员工都嘻哈活泼充满活力，头发可以五彩斑斓，不仅耳朵上有洞，牛仔裤上也有洞。

- 财经公关靓女多，女领导通常气质都不错。

投行，需要啥样的团队文化

当前本土投行业务核心要素是牌照和团队，牌照差不多都雷同，而团队即人的因素是最为关键的，其中团队文化的重要性不言而喻，是投行团队最核心竞争力所在。个体最优并不等于团队文化最优，而团队文化最优会形成相互影响，也能形成正向淘汰机制，实现强者更强的马太效应。

一、团队稳定

姑且不管团队稳定是否属于团队文化范畴，其对投行业务意义重大。但有个大前提，稳定团队必须要有积极向上的文化和正向淘汰的机制，否则稳定就会养懒人而形成劣币驱逐良币。团队稳定会让成员有安全感和归属感，避免在业务过程中过分追求短期利益。

投行界存在太多的短期利益最大化的情形，着急赚快钱的心态对

业务持续开展是有伤害的。比如，业务只有项目思维而没有客户思维，不考虑客户的利益而只考虑投行利益。另外，只考虑项目收益而不考虑风险，为小团队赚钱而给机构平台积累了合规风险。还有就是团队都是为利益而凑班子，彼此之间没有办法合作，只要涉及利益分配就打得头破血流导致团队分裂等。

团队稳定会让人节操变高，在业务拓展中不在意当下一城一池，会做些前瞻性的布局和思考，在瞬息万变的市场中既能低头干活也能抬头看路。另外，稳定的团队预期会让团队能够形成协作分享的文化，彼此能够有勇气在当前利益上做谦让而换得长远，彼此合作不那么恶心与憔悴。

二、追求公平

追求公平是指程序正义而非实体正义，即在团队文化中要公平对待人与事，尽管不能保证最终的结果绝对公平。与追求公平文化相反的就是欺负人的剥削文化，即针对成员个体的对待是以其承受能力而非付出确定的。比如谁跟领导近，谁不好惹等。

其实，对团队中人的评价是件相当难的事情，绝对的公平无法做到，更何况外部的评价和自我评价角度不同。但团队中追求公平的文化还是能够被感知到的，这种文化最大的好处是让所有人有安全感，因为追求公平的文化就是为了消除委屈，会让团队成员能够接受有限的委屈。主要是对团队的评价机制有信心，最后形成的结果就是辛苦

但心不累，不用担心自己被算计和欺负，把全部的精力都放在业务上。

这条说起来容易做起来难，核心在于领导的价值观和人品，还有团队开始打下的基础怎样，总而言之，团队长是关键中的关键！

三、协同作战

目前客户对投行的服务要求也越来越高，尤其是随着牌照业务逐渐地减弱，投行主要比拼的是市场化的服务能力。项目越来越大，难度与日俱增，客户也懂得越来越多。很多项目既需要区域组的贴身服务，又需要行业组对产业的认知，同时可能需要跨境组对境外程序的了解，同时配上资本市场的销售团队等。投行服务已经过了小团队就能通吃一切的时代。

协同作战的要求首先是投行内部要有不同兵种的划分，这需要有战略布局才能实现，需要投行团队的搭建脱离雷同小团队建制。其次就是内部沟通顺畅，所有人都能接受合作并迅速反应，做到无缝组团提供优质服务给客户。这需要大平台团队之间有很强的文化认同，还有内部机制也理顺让大家都能受益，不用提前进行利益安排保证执行效率，当然最终也不会因此而让个体受损。

项目实践中经常遇到有人问，你们项目组来自不同的团队，那你们的奖金怎么分啊？我们通常都回答，我们先考虑如何把活儿干好，奖金的事先不用去关心。尽管回答的是实情，但总给人以很拽的样子，说明这种安排确实不太容易。

劳阿毛
并购新说

四、善待新人

有人说，新人肯定是团队中最辛苦的，这是最正常的事情了，所以善待新人都是资本家的谎言。其实，新人工作中辛苦跟是否被善待是不同层面的问题。对于团队而言，新人即年轻人的工作状态直接决定了团队的战斗力，而这种工作状态最好是自发而不是强迫的。从某种意义上而言，投行最宝贵的就是新人的工作状态。

善待新人不是说让新人少干活多给钱，而是要对新人的成长负责。首先，尽可能在待遇上对新人倾斜，让新人有高于同龄人的待遇会增强其自我价值认同，摆脱生存危机会提高人的思维格局，说通俗点待遇好找个好媳妇也有利于优生优育，哈！其次，给新人成长空间，包括在团队中能者多劳多得不论资排辈，给新人以担当甚至试错的机会。简而言之，不能让新人永远做螺丝钉，尽快把新人都培养成带兵打仗的将领，让新人看到明确的希望，是效果最佳的激励模式。

善待新人还有一点就是要对新人成长有耐心，对于新人而言态度最为重要，每个人的特点有差异，有些人会很快进入状态而有些人属于厚积薄发。不要因为短期的表现就轻易否定一个人，若态度端正起码用三年周期来评判，或许会给你一个大大的惊喜。

五、人格平等

坦诚地讲，这条最不容易做到，投行团队由各种人组成，职位有高低之分，让所有人都能够接受人格平等似乎不太可能，但这不妨碍是投行文化应该追求的。而且，这与职位高低的工作分工也并不冲突。尽管从个体而言，都喜欢当领导而高人一等的飘飘然感觉。

为什么强调团队文化的人格平等呢？主要有几个原因，首先，投行是金融服务机构，团队人格平等容易避免团队中的官僚作风，有益于团队执行力与服务能力。说得直白点管你是 ED 还是 MD，在客户那儿都一样，大家都是为客户提供服务的投行人。其次，人格平等容易让团队成员能够讲真话，有利于内部沟通效率提高，方便团队带头决策。最后，人格平等也会让低职级员工有存在感，有利于团队稳定，也算善待新人的举措之一。

核心归纳就是：上不装下不怯！

六、守住底线

投行是个好职业，可以让没有背景的普通人通过努力过上体面的生活。投行也是个坏职业，因为会产生虚幻的光环和各种利益诱惑，从而让人犯错。守住底线是对安全性的最低要求，比如对个人而言，不碰股票不收黑钱；对机构来说，不与违法客户同流合污，不做有合

规风险的项目等。

　　守住底线的本质就是做事的态度，避免唯利是图的心态。故此有种说法，能够把投行做久做好的，通常是有些小清高的，以利益作为行为导向的商人心态，其实是很难做好投行的。守住底线不仅要靠教育，也需要给团队成员以安全感，让团队尤其是新人坚信，通过阳光赚钱的机会也可以实现富裕。对自己的前途负责并且珍惜，自我认知是穿鞋而不是光脚的，不值得蹚浑水奋力去赌。

　　简而言之，告诉团队成员，跟着我们混，有享不尽的荣华富贵，别扯用不着的！

阿毛语录

对于投行而言，真正有格局的客户服务理念是在利他中实现利己，就是能理性地从客户角度分析得失，甚至甘于放弃当下唾手可得的业务机会。

投行与客户沟通体会 19 条

1. 有尊严地平视客户，客户再小也不能傲慢，客户再牛也别有粉丝心态；

2. 业务沟通核心目的是取得客户信任，所以要坦诚相待，不但态度要坦诚内容也要客观，不说谎是金融从业者的最高要求；

3. 见客户前要做好功课，但初次见客户多听少说不喝瑟，多用数据和案例说话，不做过多的自我标榜；

4. 当客户方有非专业人士质疑你的观点时，保持沉默避免争论，与非专业人士辩论毫无意义，因为语境不同会起反作用；

5. 无论多渴望在竞争中胜出，都不能诋毁同行；

6. 客户尤其是国企客户喜欢拿投行当枪使，若有利于项目就接受，若仅满足局部利益、不利于项目或加大投行合规风险，应明确予以拒绝；

7. 不与客户谈差旅费用，除非合同明确约定，不拿票让客户报销；

8. 不谋求合同之外的个人利益，客户拿钱能搞定你时，内心已经

开始鄙视你了；

9. 告诉重组客户别乱买股票，会坐牢的，超过九成的概率会被抓；

10. 客户认可你欣赏你，不要误以为可以跟客户有专业服务外的商业合作，因为无法形成对等的资源交换，给你装修的小木工干活很好，你会跟他合伙开店吗？

11. 若发现给客户的建议不对，必须在第一时间纠正，这是建立与客户信任的最佳时机，别顾忌丢面子，对客户负责才是真有面子；

12. 投行工作出现失误，别在客户面前骂下属，因为投行是机构和团队，责任必须领导先承担，然后内部再研究解决方案并吸取教训，追责是为了以后不再犯，而不是为了证明怪谁不怪谁；

13. 客户的法律顾问再不靠谱，也不能对其进行人身攻击；

14. 给客户推荐中介机构要谨慎，最好是多划定几家供客户筛选，争取组建豪华团队有利于客户和项目，保持一颗公心；

15. 项目出现重大变故时，谁都可以慌，唯独投行不可以，装也要装冷静；

16. 投行别总提跟监管谁熟，无论是否属实，在客户看来都是吹牛；

17. 要有保密意识，在开放场合避免谈及工作，若必须要说则信息模糊化，不能出现具体公司名称和股票代码，比如可以说"上海那边进展如何……"；

18. 投行首要目标是追求项目做成，但更重要的是项目做好，若客户不满意，钱赚得再多也没有意义，因为路会越来越窄，所以，美

誉度第一，知名度第二；

　　19. 不勾引客户前台和秘书是投行从业者的基本节操，谁能说得清她们的真实背景呢，不要死得太惨！

> **阿毛语录**
>
> 讲课可以锻炼人的表达和归纳能力。要讲给别人听，自己就要有更深更系统的理解，最终受益最大的是自己。

讲课营销效果与技巧

做投行并购这么多年，除了日常做项目以外，跟工作联系最为紧密的事就是讲课。都说投行到最后都是表达者，都是口力劳动者，这点确实不假。要给客户出主意，同时也要为自己吹牛，出活儿全靠这张嘴了。

讲课这事，核心两点，为啥要去讲，如何讲得好？

客观而言，讲课是投行最有效的营销方式，没有之一。这点跟医生很像，有句俗语叫"医生不敲门"，如果某个医生背着药箱上门自我介绍，我是名外科大夫，你家有没有人需要做阑尾炎或者结扎手术吗？我很在行的，动作麻利一点都不疼……我也曾经主动拜访过很多客户，但客观而言效果不好。客户都很客气但基本都在应付你，很好很不错希望能够多合作，但真正有业务机会的时候，根本想不起来你。

道理很简单，没有差异化的营销其实是没有意义的，同时也是上赶着不是买卖，看你殷勤无比贼眉鼠眼的样子，心里就有些烦。

但讲课的营销效果很好。当然，能走上讲台本身也是能力的体现。

所以讲课会进入到很有效的正循环。就是你很专业所以讲得不错被人记住，然后你的业务机会就会增加，进而增强你的业务能力和行业地位。

隔着讲桌，讲课让彼此变成了师生关系，而老师的身份无形中会增加授课者的权威性。另外，讲课是单边交流，作为演讲者我咋讲你都要听着，受制于环境你很难有不同意见的表达机会，变成了被动的信息接受者。这么说吧，怎么吹牛你都不会当场打断，对不？

还有讲课是一对多，如果受众都是潜在的客户，这种确实很有沟通效率。在遇到跟并购相关问题时，首先会想到你。这样的效果会比登门拜访好很多，关键是有点姜太公的悠然与格调，而夹着包上门的就有点收电费的灰头土脸，脸上都是不自信的谄媚，笑得满脸褶子。

还有，如果长年累月地讲，就相当于不断向市场传递一个信号。我们很强，我们很直溜，欧耶！这种会深入人心，当然前提是专业与服务确实不掉链子。尽管讲课讲得多也很烦但还在坚持，主要是想营造个效果，让市场言必称希腊，提并购就想到你，看不到其他人的存在。

当然了，讲课还可以锻炼人的表达和归纳能力。要讲给别人听，自己就要有更深更系统的理解，最终受益最大的是自己。另外也有些名利的副产品，啥北大清华长江社科院的，反正吹牛肯定管用，同时还能有点讲课费赚，也挺好的。

除了服务营销外，偶尔也去高校给学生讲点，希望能带给在校学生来自市场最前沿的东西。我记得当年自己上学时，也对校外实务性强的讲座印象很深。没准自己的某句话或观点，可以给年轻人有所启发呢。

另外，如何才能把课讲好呢？

说句心里话，没有谁天生擅长这事，人通常缺乏在众多人面前讲话的经验。所以，克服紧张情绪很不容易。能够讲得好，既需要经验也需要总结。

从性格而言，自己偏向腼腆害羞类型（看不出来吧），从小到大都对在众人面前表达充满了窘迫与恐惧。客观而言，在成长的过程中，意外发现了自己两项技能，讲课是其一，另外就是写东西。

客观而言，讲课这事有个学习和适应过程，现在不能说如何的好，但开始讲得真的很差。我琢磨如何提高，开始请教讲课经验丰富的人，尤其是口才好的人。

做老师的同学给了我几点建议，感觉挺受用的。首先，必须要对所讲内容绝对熟悉，避免因为生疏造成紧张。克服了紧张就成功了一大半；其次，必须有沟通的欲望，而不是机械地完成程序，尤其要与学员有眼神交流。最后，幽默是关键，如果课讲得欢乐效果肯定会好，其实没多少人有求知欲，但所有人都不会拒绝欢笑。随着时间推移，能留下的就是那么几个段子。唉，肤浅的人类……

我爹也给了点建议，他说我口齿不干净，各种口头碎语太多，建议我听听单田芳的评书。估计，在我爹的世界里，单田芳是表达能力最强的人了。于是我听了几段评书《白眉大侠》，我发现单老先生说话真干净，几乎没有一个字是多余的。

于是，我开始尝试平静下来，放慢语速进行表达，注意克服啰唆的口头语。尽管今天也没有完全杜绝，但确实有所改进。另外，我发

现有时语句会重复，总担心别人听不清楚。其实这种担心是多余的，理解力强的说半句都懂，理解力差的重复十遍也没用。

另外，说幽默和搞笑这点，我还算有点基础。很多并购案例围绕谈判博弈，本身都是自带冲突的，故事性和趣味性都非常不错。尤其有时候也略做夸张与虚构，能说明问题还能活跃气氛。当然，自己浓郁的东北口音也起到了些作用。

有时候在讲课前，我也会听别的老师的课。说心里话，有趣有料能讲得好的少之又少。多数老师以沉闷开头以乏味结束，学员全程都在精神溜号。当他说讲完了谢谢时，掌声响起来，似乎不是因为精彩，可能仅仅是欢送……

听别人讲课目的主要是扬长避短，我发现必须阶段性有包袱，牵引着大家注意力。否则不超过几分钟，很多人就开始走神了。另外，大家不愿听知识点，更愿意听故事或者归纳出来的观点，偏激和犀利都不怕，就怕没有主见。从这点而言，讲课也并非完全的表达技巧，也是思考总结丰富自己的结果。

总结下，对内容熟悉心态放松，放慢语速唠家常，有点段子活跃气氛，最后还能有点自己的见解，总体讲课效果就能基本保证。其实自己也依然在改进途中，小小经验希望也能给他人些许启示。

另外，还有一点也很重要，就是努力做好自己，对最终结果不用患得患失。最坏结果就是讲不好。想想其实也没啥，讲得差的多了去了，也不差你一个。没准你不那么在意，就成了意外之喜。

陆

信笔开河
—— 小故事里的并购与人生

自卑与自信

其实严格来说，自卑不算缺点，差不多是人人都有的一种情绪，只有过度自卑才具有伤害性，主要是让人敏感不快乐，同时也让人窘迫紧张不够从容，影响自己的表现和正常发挥，从而形成种恶性循环。

世界上不存在没有自卑情绪的人，从国王到乞丐，从市井到明星，所有人都无法对自己100%满意，所以人人都喜欢和需要赞美，从某种程度而言，自卑是种对完美的渴望与敬畏心理。

自信是种重要的能力，会让人轻松无畏和从容，自卑可以掩饰但自信很难，真正的自信不是张扬和膨胀，更多的应该是宽容、平静和慈悲，是忽视外在评价不做迎合的状态，就是无条件善待自己而对外在评价没有诉求。

当你自卑时，你会把赞美曲解成嘲讽；当你自信时，你会把嘲讽看作乐趣，顺便在帮腔自黑几句，没有不悦没有愤怒，只剩下开心。

自卑和自信不是对立的，完全是可以在个体共存的，就是说自信的人必然会自卑，但是自卑的人未必会有自信。而且，自负也是自卑的一种表现形式，但很多人会理解成自信。简单而言，只要向外寻找答案并形成情绪及自我认知的依赖，都不是真正的自信。

自卑不需要摆脱，只需要正视和接受即可，要知道所谓长短处优缺点本质上都只是个人认知的不同而已，你高我矮你瘦我胖你黑我白，这都是差异而并非缺点。另外，我们都知道这个世界上自己是独一无二的，正如没有两片相同的叶子一样，每个人来到这个世界都是极其低概率的幸运，都经历过在数亿群体赛跑中胜出，我们最应该善待的人就是自己，学会爱自己才能爱别人。

自信的树立通常有两种方式，一种是客观的强大，另一种就是主观的宽容，最终需要以对自己的认知来实现。其实，从别人的眼神中寻找自己的定位是没有意义的，客观状况是大家都很忙，根本就顾不上看你。一句话，无我才能实现真我。

这个世界只在你眼中，与他人无关，所以也别太当回事！

大哥请买单

　　故事发生在差不多五年前，有位大哥找我吃饭要探讨业务，这种半熟不熟的也不好拒绝。见面后大哥把我好顿夸，业内翘楚青年才俊超级无敌资本市场小能手啥的，说了好些好听的话。说我很可能是他人生的贵人，然后就开始了畅聊。

　　他说在东南沿海有个大项目，据说是海滨度假小镇那种旅游地产。规划投资大概在 500 亿元，可以多年滚动开发，经过测算项目收益也有大几百亿元。说到此这位大哥目光如炬声音洪亮，说他跟当地政府市委秘书长是朋友，已经说好了让他来做这个项目。首期投资 100 亿元左右，70% 银行贷款，自有资金大概 30 亿元就 OK。

　　我默默听着这几个数字，内心就有种不祥的预感，但已经坐下来了也不能走，那就听吧，同时安心地吃菜。我十分配合地问，你是想融这 30 亿元，还是想找合作方来联合开发？

　　他激动地说，这么好的机会肯定不会与别人分了，我打算自己投这 30 亿元。但客观而言，这笔钱对我而言确实有难度，所以我需要通过资本市场做点短平快的套现生意。我听后虎躯一震，这很显然到了我擅长的领域，不过这 30 亿元要想从资本市场套现，谈何容易啊！

劳阿毛
并购新说

我问，您是不是有比较好的资产，希望能引荐上市公司收购，然后套现资金去干这个大生意？

"劳总您太聪明了，行家真是一点就透，我盘算要想获得巨量资金，不借助资本市场是不可能的。我想把整个游戏公司卖给上市公司，我看市场有过类似操作，几个亿利润卖几十个亿，换了股份不说，套现了近15亿元，我看着都跟着激动……"大哥手舞足蹈地说，像极了吃到必胜客的农村孩子。

原来您是做游戏的啊，现在想转行做房地产吗，这些领域都是暴利行业。游戏、资本市场和房地产这些词语都是大富豪的代名词啊。您的游戏公司目前经营如何，有啥爆款吗，产品研发实力必须要强……我接着配合往下唠。

你听我说，我现在没有游戏公司，但是我希望能在有限投入的情况下，迅速孵化一家游戏公司。这事首先必须要快，其次是只能成功不能失败。我已经找到最豪华的团队，过往有很强的运营能力。前期投入不大，但真的产品出来后的宣发是关键。所以，我需要大概3000万元的资金来做团队搭建和产品研发。

我听着这个泄气啊，这故事也太长了，从500亿元的豪华大地产项目，聊到游戏公司的启动资金3000万元，这大哥是在讲段子吗？看着也不像啊，满脸的认真，唾沫星子飞溅，就差拉着我的手要结拜了。我说，这些环节理论上能实现，但真要操作是不可能的，概率太低，时间节奏也不匹配。

大哥若有所思地点头，但表示还是希望能试试。这次跟我吃饭，

就是希望我能帮着他融资 3000 万元，我当时差点喷了，原来这 3000 万元也没有啊。我心里暗骂："你连 3000 万元都没有就敢请我吃饭，谁给你这么大的胆子……"

大哥说，真要有钱也不找你啊，其实这 3000 万元也不难，他想跟我探讨下，利用北京郊区某大型购物商场的经营收入作为底层资产，运作发个 ABS 产品融资 3000 万元。我听着都快笑出声了，我说大哥这个 ABS 不好发也不好卖，我建议您直接把商场卖了或者抵押就解决了。大哥沉思片刻，摇摇头说不行。

我问为啥，他回答说商场是他哥们儿的，他只能借不能卖。我当时感觉胸口好痛，给了他最务实的建议："您先把单买了吧，一会儿饭店要打烊了……"

说下死亡

有人说不吉利，说这干嘛？其实，这太有必要说了。

死亡是人人都需要面对的，在这点上几乎所有人都平等。想想，可能就是因为有死亡才让生命具有阶段性。人生的精彩和有趣的最根源就在于此。有个词叫作"向死而生"，好像还有谁说过，不知死焉知生，大概就是这个意思。我认为，没有思考过死亡的人，就是没有思考过人生的人。

我感觉，现代生活似乎隔离了普通人与死亡的物理距离，因为死亡似乎有专门的场所，医院和殡仪馆似乎都距离我们很遥远。当有天自己亲人或朋友去世时，才发现原来这个世界还有这么重要的出口。似乎，死亡在微笑着等着所有人，或早或晚。

我小时候在农村，感觉生老病死是日常生活的一部分。经常在早上醒来有村里邻居过来通知，谁家老人去世了，有时候可能就在隔壁，然后我就看到我爹披着衣服跟着出去了。等我起床过去看热闹的时候，周围人都过来帮忙。逝去的人白布盖着停放在门庭，各种程序有条不紊地进行着，有人去买菜，有人组织吹鼓手，有人做孝衫，有人去买棺材选墓址等。

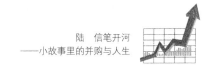

　　这些都是标准程序，亲戚子女偶尔悲伤哭泣，晚上仪式很多时候还叫来民间艺术说唱。若死者年纪大算喜丧，那么演绎内容会非常放松欢乐。看着那些身披重孝的人也跟着前仰后合，感觉好像缅怀变成了庆典。

　　经过三天后下葬，在鞭炮声中尘埃落定，然后大家都各归其位，恢复了往日的宁静。

　　其实，想想每个人与这个世界，都是阶段性缘分。人生几十年似乎很漫长，但跟浩瀚宇宙的几十亿年相比较，也就是灯火瞬间。大概也跟一根火柴划过后熄灭差不多。而且，人生中有不懂事的孩提时期，有老年无法生活自理的呆傻阶段，真正有质量和有价值也就那么一段时间。

　　想过没有，你过的每天，都是你生命中最年轻的一天。想过没有，再过100年今天生活在你周围的所有人都大概率不再存在。抬头仰望星空，这个世界你曾经来过，那么你存在的意义是什么？

　　所以，当你对喜欢的人还不敢表白，当你忙于工作没时间陪家人，当你因为同事升迁而耿耿于怀，你不妨仔细琢磨下，或许可以有更好的选择。当你年纪大了处于弥留之际，你能否内心平静不留遗憾对自己说：这个世界，我真的来过。

莫要加戏

某次跟朋友聊天，对方表达对昔日同事的不满。大概意思是同事作为 IT 技术人员来到证券公司工作，他某次在食堂吃饭时与对方闲聊，建议对方既然在证券公司工作，而且有理工科的基础，应该尝试去考下保代，没准以后就能转型做投行了呢。

对方边吃边点头。

转年来，这位理工男同事果真考上了保代，当然也脱离了 IT 岗位，逐渐投行业务也做得风生水起。但是，他在单位里见到朋友，从来没有提及往事。用朋友的话来讲，好像过往食堂的那次交流没有发生一样，匪夷所思。

朋友内心充满了委屈，用他自己的话来讲，他是同事理工男的人生贵人，帮助他实现了人生的转型。倒是没有期待对方如何感谢自己，但对于过往也不能不提不念啊，实在太过分了啊。然后推断出，这哥们儿人品不行。

我听了之后，内心挺感慨的，忍了再忍，还是没忍住。

我说，你夸大了你在别人生命中的作用。在证券公司工作的每个人，不需要别人提醒，都会考虑是否有条件能够做投行业务，没准在你提醒之前，他已经下定决心并且复习很久了。而且，或许他应聘到证券公司，最重要的考虑就是看是否有机会转金融行业。

你是他人生努力奋进的旁观者，而算不上是关键先生。所以，对于别人通过自身奋斗取得的成就，鼓掌喝彩和祝福就可以了，犯不上给自己的作用加码。你内心把对方当作人品不好的负心人，但是在他生命中，可能根本不记得你。

其实，类似的事情人生有很多。

比如我们服务过的客户，曾经在项目中携手奋战共渡难关。当然项目成就后，客户成为超级富豪，我们赚养家糊口的钱。当我们回头再相见时，客户也会很礼貌但保持距离，有时候会忙着做别的，放我们的鸽子不再相见。

有时候，小朋友会很感性，说某些客户"人走茶凉"，当初我们帮他们多大忙，没有我们他早就死了等。

其实，这种思维方式跟上面那个朋友类似。客户是上帝和衣食父母，做业务的时候本质就是雇佣关系，你要感谢客户给你业务机会，让你有养家糊口的钱。所以，客户并不欠你的，而做好项目成全客户是投行的责任。在雇佣关系中，让客户要感谢你的救命之恩，那确实有点过了。

另外，人生要接受"人走茶凉"这事，因为这意味着效率，想想看，人都走了茶还得热多麻烦啊。客户每天要面对多少事情，总要有重要性选择和排序。要是没事总跟人瞎聊天，那企业不早就黄了吗？所以，从这个角度而言，"人走茶凉"本质上是种务实的负责精神。

所以，人生多数的抱怨，不是客观你被辜负，而是你给自己加戏感动了自己。

说下焦虑

我感觉，在现代人的情绪中，最常见的就是焦虑了，几乎人人都无法摆脱，似乎生活在这个世界上，整天都有焦虑的事。

焦虑本质是恐惧，是对未知的恐惧。

焦虑这事最讨厌的点就是很难治愈或者摆脱，比如疲惫可以用休息来缓解，比如饿了可以大吃一顿，甚至发烧都有退烧药。但焦虑呢，有时候特别无能为力，而且想摆脱焦虑的过程，本身也会加深焦虑。

这是个很奇怪的现象，按理说目前人类进化到食物链的顶端，作为其他动物的生存危机基本不存在了。比如，在草原上的动物，每天都随时有可能被吃掉，另外也很难保证温饱。而作为人类，在这些担心都是多余的前提下，为什么还会滋生出更多的焦虑来？

我们会焦虑很多事情，多数都跟比较和竞争有关。我们会担心业绩考核完不成，会担心找不到工作或者失业，担心找不到对象而孤独终老。担心自己孩子成绩不好，将来没有办法在竞争中胜出。我们焦虑自己的身体，感觉自己肥胖和"三高"，还担心自己会随时得癌症。

似乎，我们不给自己设置点需要焦虑的事项，就根本不会活了。人人都痛恨焦虑，而且也大概明白焦虑没啥用处，但就是有些无能为力。就像那句话说的："懂得很多道理，但依然过不好这一生……"

那么，面对焦虑真的无能为力了吗？

首先，要知道情绪解决不了问题，但思考非常有必要。当我遭遇生活中的困难或者波折时，我都会问自己几个问题：（1）最坏的结果是否能够承受？（2）最坏结果出现的概率有多大？（3）目前能够采用的有效办法是什么？这几个问题想过之后，大部分的担心都会排除，小部分的担心因为无法排除也只能交给命运了。简单来说就是小事不用愁，大事愁也没用。

其次，要克服贪念和过度欲望。其实维系人活在世上的条件并不难，除此之外就都是负担。比如赚钱的目的是花钱，花钱的意义在于提高生活质量和买来方便。所以，钱是工具而不应该是目的。另外，也要接受人生的不如意，比如房子不够大、老婆不够漂亮、孩子不够聪明。有点房贷没啥，谁过日子还不拉点饥荒……

再次，除自己老婆孩子外，别为了满足别人而牺牲自己。有时候我们特别爱为别人而活，生怕被人看低，甚至在意陌生人的目光。比如在人群中不小心放了个屁，因为被人哄笑而久久不能释怀。仔细想想，谁会跟陌生人的一个屁较劲呢，大家都这么忙。有时候需要忽视别人，更多地取悦自己，这点很重要但很难做到。

最后，要用高度和发展的眼光看问题。记得电影《肖申克的救赎》有句台词，让你难过的事情，总有一天你会微笑着讲出来……如果你认为周围人都很不友善的时候，把自己拔高后俯视，他们就不再是你的对手，而是芸芸众生里的小丑。所以，阿Q精神也很有必要，选择

性忽视是一种很强的能力，会让你的人生更游刃有余。

当然，这些也未必能解决全部问题，你焦虑时要坦然面对，接受自己的不完美，静静地等待这段糟糕日子过去，迎接下段糟糕日子的到来。

没事，死不了。

布　局

　　偶遇我大学同学，这个女生是同届的但不是我们系的，我记得是在某年放假回程的火车上认识的，当时聊得挺开心的。没想到多年后，居然会在北京街头偶遇，当然是我认出了她，因为自己胖了太多，但由于气质还在，所以，经过仔细辨认后，两人相认。

　　我简单寒暄了下，已经临近中午遂邀请她吃饭，她痛快地答应了，说正好午饭没有着落。于是乎，就近选择了家大连海鲜吃了一顿，好像花费几百元。席间回忆了很多学校时候的往事，场面非常温馨愉快。怎么说呢，故人重逢，相谈甚欢。

　　彼此交换了联系方式后，分手作别，后续几乎没有联系。

　　后来我结婚了生了毛豆，她知道了，给小孩买了个儿童餐椅，大概几百元。我说正好准备购置，你这个安排来得正好，代表全家感谢姑姑的礼物，她哈哈大笑说，就是表个小小心意不用客气。

　　后来，她也嫁人了也有了小孩。我网上订了个进口实木婴儿床，价格我忘记了，两三千元钱吧。大概在2010年，据说这个床比较环保没有味道，反正有来有往非常正常。另外，对方生了孩子也算喜事，也终于轮到我表示了，自然不能放过。其实，平时几乎没有联系，大

连海鲜后就没有再见过面。

其间我大概了解了她的情况，她在北京现代做销售主管，用她的话而言，就是京城比较大的车贩子。然后告诉我买车可以找她，她也开玩笑说，我大概率不会买现代。她的业务领域不符合我投资银行的定位。我也点头说，确实。

后来，偶然机会，我有客户说要年底采购几台车，准备作为奖励送给年度明星员工。大概的档次就是看起来还算体面，但也不用特别豪华。我就提及我同学做现代汽车的销售，可以安排对接下，有可能会优惠，当然也可以照顾下她生意。总之，在交易中实现共赢挺好的，这个是我的职业习惯。

客户说好的，要了电话。

转眼过去半年多，再次见到客户时，客户说车后来买了，同学比较给力。每台车确实给了很大优惠，具体数额记不清了，反正是个令人惊讶的数字，而且服务还比较周到，他感觉非常满意，并让我谢谢我同学。

我打电话给同学表示感谢，并简单询问了下细节。同学说我的朋友自然很照顾，对方采购了几台车都完全按照出厂价格，她们渠道没有赚一分钱。我表示很惊讶，我说我希望能给你创造点业绩，但是也没有必要不赚钱啊。她说没事，有销售额也算业绩，这不算啥。我感觉有些不好意思，之前叮嘱下就好了，完全可以按照市场规律来处理。

她说没事，同学没有那么多客气的。

后来客户跟我关系还挺好的，虽然没有啥业务但是偶尔也见面聊聊。听听我关于市场和政策的观点，后来也介绍了个简单的业务，就是上市公司控制权的变更，他也作为投资机构在收购方占有股份。问我大概这个业务能赚多少钱，我说这个项目是小业务，通常也就 80 万至 100 万元吧，其实也没啥工作量。就是帮着做点信息披露，再出个格式核查意见。

客户说可以，签协议吧，按 180 万元签。我感到不解，客户说没事，他们作为投资机构有钱，180 万元跟 100 万元没啥区别。我推辞不过于是就答应了，内心充满了喜悦与感激。然后组织人开始进场，几个人忙了整整两个星期。我给项目组讲了前因后果，当然也是从同学那顿海鲜开始的。

我告诉项目组，舍得是有舍才能有得。做好人是会有回报的，必须有付出和长线考虑等，不行春风哪得秋雨啥的。项目组小朋友听得很入迷，频频点头，表示跟着我混有享不尽的荣华富贵，还能懂得很多人生大道理。总之，摩拳擦掌干劲十足啊。

后来呢，项目因为股票异动黄了，我们白忙活了也没收到钱。

我是卧底

说到家长的焦虑，其实环境也很重要，在某个焦虑群体中，可能也需要不同的声音，当然大概率会被淹没，但也可能会意外地扳回一局。

我想起女儿在幼儿园的一件事。

女儿所在的是北师大附属幼儿园，据说是有百年历史的公立幼儿园。某天听着老婆好像在家长群里聊啥事，听起来像家长在搞啥集体活动，各种声音此起彼伏甚至有些慷慨激昂，也不知道到底发生了什么。

我问了才知道原委，幼儿园班级老师因为工作突出，被调到其他幼儿园当副园长了，就是"产房传喜讯——升（生）了"。这位老师很优秀，深得孩子和家长的喜欢，突如其来的调整变动让家长们很难接受。

群里讨论的家长们七嘴八舌甚至言辞激烈，有家长提议联名推荐代表去找校长交涉，并且写了集体信义正辞严地提出了请求。核心诉求就两点，一是这个老师很好，反对换老师，二是如果换老师要保证新来的老师不低于之前的水准。

家长们推荐了代表，摩拳擦掌地准备找校长谈判了，看架势就差拉横幅绝食请愿了，感觉好像开启了维权的正义之旅，各种细节和应对方案都商量得妥妥的，核心就几个字：为了孩子！

　　我想了想跟媳妇说，能拉我进群说几句吗？

　　我如愿以偿进群后，开始小心翼翼地表达不同的观点，说这事是不是应该这么看。首先，公立幼儿园比较强势，不大会受制于你们家长的想法，说白了会比较牛。换个角度讲，这应该也是大家当初选择公立幼儿园的原因。其次，老师有自己的职业发展路径，为了自己孩子的利益，阻碍人家升迁调动，确实也不妥，孩子是人老师也是人啊。再次，家长的焦虑会传递给孩子，没准在孩子眼里这根本就不算事，无非是换了个新面孔而已，明日太阳会照常升起。最后，就算对孩子有些负面影响，面对不利局面也是人生必修课。换了老师就不能接受，还怎么面对人生的波澜和困苦呢？

　　所以我的建议是，放弃交涉，告诉孩子感谢之前老师的付出，欢迎新老师的到来！群里经过一段沉寂后，开始有人表示我说得很有道理，逐渐讨论也开始变得理性，最终同意了我的建议。据说也有家长依然反对，执拗地认为，我是园长的卧底！

饼与闭环

有位大哥慕名找到我们，开门见山说想买壳，我呢自然热情接待，唠得相当热乎。大哥特别豪迈说先给整仨，我听着都乐出声了，我说大哥你搞收藏吗，上来就要买仨？大哥说干就往大了干，我呢好顿劝，最后勉强同意了先买一个。

我呢就解释了下，说现在壳公司都希望能够找到最优质的资产，要是现金买控股权必须要给溢价才行，大概的行情需要 6 亿至 8 亿元现金。我小心翼翼地问，你们……有钱吗？大哥很不屑地告诉我，你放心吧不差钱，我们本身就是做投资的，只要有好的壳分分钟就能募集几十个亿来，你们干就完了。

我听说还要募资，心里略有担心，我建议你们先把资金募集了，这样谈壳才能稳妥。总之，要先有钱然后才能有壳。大哥说，你壳都没有我咋募资啊，必须得先有壳然后才能有钱。我说先有钱，他说先有壳，争论半天互不相让。我有点泄气，提议搁置争议往下讨论……

我又开始灵魂发问，你们买壳用来做啥？

大哥依旧豪迈，说要借助资本平台做大健康行业的整合，最近满世界飞找到很多好东西。就是因为没有上市平台没办法证券化退出，

所以这些优质的资产也没办法去收购。若有了上市公司平台那就是如虎添翼，未来千亿元市值不是梦。大哥的声音在空旷的会议室里都有回声了……不是梦啊，不是梦！

我又问，收购优质资产也需要很多钱……

大哥有点不高兴了，劳总你怎么总提钱啊，看我这一身像缺钱的人吗，浑身上下都是名牌……如果我们有了上市公司平台，境外那些优质资产收购就跟捡豆似的。现在因为没有退出平台，没办法组建专门收购境外资产的并购基金，所以没办法把资产掌握在自己手里。这么宏伟的蓝图，目前都卡在壳这儿，得平台者得天下……

我说，你们想募集资金收购壳，然后募集资金收购优质资产，最终实现注入滚动式发展，实现全球资源的配置和千亿元市值战略，对吗？

大哥深沉地点了下头，掏出个烟斗吧嗒地抽着，还不时地吐着小烟圈，眯着小眼睛自信地审视着周围的一切……

"那你们现在……有啥呢？"我再次发问，大哥沉默不语。

"资本运作有四个核心要素：平台、资产、操盘能力和资金，你们哪样都没有，你们只有梦想，如果我能帮你实现这个梦想，我为啥不做呢？上面四个要素就好像打麻将的四个人，如果三缺一很容易成局，二缺二呢也有希望……"我有点没好气。

"你的意思……我们是一缺三？"大哥直起身来，好奇地问。"不是，你们是零缺四，我是那个一……"大哥被我说得有点失望，嘴里没有了那么坚定的口气，嘀咕着说："这事我构思了很久，我认为是个逻辑闭环……"

"不是逻辑闭环，是你自己画了张饼，然后自己信了……"我说完，很认真地看了下表，大哥没啥反应。我又抬起胳膊看了眼表，大哥似乎明白了，凑过来温柔地问：

"劳总，你表啥牌子的，看着挺好……"

劳大明白

其实，说服别人有个原则就是，要用他能理解和接受的语言及逻辑，也就是能够自洽。

很多年前，我回东北老家，村里有两个妇女过来向我求证个事，那就是天上有飞机后面扯着长长的白线是咋回事。甲信誓旦旦地说她明白，那是飞机上正在做饭呢。乙说她瞎说但又没有证据，结果俩人争论得不可开交。

终于等到我回来了，于是俩人一起来问我，有点打官司评理的意味。怎么说呢，我在村里还是有些地位的，在她们心中我就是见多识广的代名词，绝对权威的百科全书啥的。

我听后淡淡一笑，摇头说肯定不是在做饭。我走南闯北常年坐飞机的非常清楚，飞机上用微波炉和电加热做饭，很少烧那种明火大柴火，烟太大飞行员看不清仪表盘那还了得，万一要是肇事那可就惨了……

一句话平息了她们之间旷日持久的争论，反对方长出了一口气感叹道：对啊，飞机上怎么可能烧柴火做饭呢，亏得有明白人，差点就让你给唬了。双方分出了胜负也都心服口服，这事就翻页了。

劳阿毛
并购新说

如果，你要从空气动力学开始讲，再讲到啥燃料化学反应，那确实很难的，你先得出钱把两位大婶子九年义务教育补齐了，然后再搞个黑板画图写点公式啥的，才有可能讲明白。

有人问，你居然懂空气动力学？我要是真懂，我还费那么大劲扯犊子吗？

还有另外一件事，跟这个有些类似。

村里有人跟我求证，听说本地有个包工头在北京生意做得很大，全村都在传言说奥运会会场工程他都有所染指，说得活灵活现说他承包了一个角（东北话叫作"假儿"），这事是真的吗？

我听了感觉有点好笑，这种替别人吹牛添彩是老百姓很重要的娱乐活动，但是有很明显的老百姓思维逻辑，就好比皇帝挑粪都用金扁担差不多。认为包工头很厉害能够承包奥运工程，但是全都给他干了呢又感觉有点大，所以用朴素的思维方式构思，只承包了建筑的部分，就是一个角。

我说没有听说过，但可以判断这是谣言，对方问我如何确定是谣言。

我说，通常这种大工程都是整体设计规划和承包施工，很难分割承包的。你想想，张三承包一个角贴的是瓷砖，另外的角给李四来干，他直接抹的是水泥，每个角都不一样，好不容易举办次奥运会，那多让各国外宾笑话啊。

对方听了后若有所思地点头，对我增添了不少尊敬与仰视，进一步巩固了我在村里明白人的地位。

说几句钱的事

　　钱的事确实复杂，但往简单了说也简单，无外乎就是赚钱、花钱和往来钱。所以跟钱的事可以归纳为怎样赚钱、消费观念和基于钱的人际关系处理。而这几层关系随便拿出个点来，都足以写成一篇社会学的博士论文来。

　　先说跟钱有关的人际关系，这点非常重要也足以体现出人的价值观和认知水准。在所有人际关系中与钱相关的都最为直接和浓烈，没有人不在乎钱，所以钱就成为人能力和观念的试金石。通常来说酒桌牌桌见人心，其实在钱的面前体现得更为淋漓尽致。

　　跟钱相关的人际关系，基本上可以分为借钱和分钱。其实索取和付出的分类更为准确，但用借钱和分钱举例子更容易理解。

　　借钱的核心要点是如何借、如何还。借钱的行为载体是钱，但最重要的不是钱，而是在借与还的过程中对自身信用的影响（若这句话看不懂或不认同，就没必要继续读了）。另外就是对别人的尊重和善意。

　　所以，借钱实现的核心目的有几层：（1）用钱来渡过难关；（2）增厚或者至少不损害个人信用；（3）让别人舒服。

　　所以，借钱首先要有让人信服的理由，比如民间所说的"救急不

救穷"原则。借钱人在借钱时要明确说明，借多少做什么何时偿，若有必要也要明确利率。另外绝对不能给被求助者压力让人为难，因为借是帮忙不借是正常的，没有人有义务必须帮你。

所以，我认为比较稳妥的借钱描述，大概应该是这样的："我最近小孩出国需要存款证明，我这有30万元缺口，想找亲戚朋友帮忙凑下，打算从你这儿借10万元使用6个月左右，您方便就帮我下，不方便我也完全理解，我还有其他途径能搞定……"

但实际中，很多人是怎么张嘴借的呢："你有钱吗借我20万元，放心，我过了下个月保证就还你。你身家实力我了解，之前呢我也没少帮你，这么多年我头回张次嘴，我想你肯定不会不给我这个面子，另外这点小事不用请示嫂子吧……"特点是不说借钱的详细情况，看似把你架挺高其实就想堵住你说婉拒话的嘴，以这种方式借钱要么借不到，估计借了也大概率要不回来。

借钱对方拒绝要表示理解，不要有啥怨言，若对方借钱了要表示感谢，这也算是最基本的做人素质了。我经历过被人哀求借钱，但微信转账过去后，对方只收款却一句话都没有的，令我费解加恶心。另外要跟对方表达："我最迟什么时间偿还，如果中途有需要随时提出来，我可以想办法提前偿还……"

还钱其实也有讲究，首先是不能逾期，有人说可以逾期但要跟人说下。我认为，只要之前说了偿还期限，就说到做到绝对不能逾期。另外"远打日子近还钱"最好稍微提前点，别让对方心里总有点打鼓。如果借钱是经营性的，无论是做生意还是炒股抑或是买房，都必须要给利息，

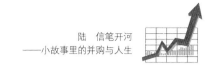

若对方关系很近也可以买点跟利息价值接近的礼物。

其实，上面道理多数人都懂，但绝大多数人做不到。为什么呢，因为能做到的人几乎不会缺钱，即使有缺钱的时候，也会有人主动帮忙，根本就轮不到主动借钱。另外，有个原则就是除非万不得已，不要借钱，因为伤感情是大概率事件，除非你根本不在乎。

再说下分钱，我理解，分钱这个话题包含两个层面，既包括对待利益的分配与取舍，同时也包括对具体处理程序与认知。简单来说，就是如果你有权做利益分配，大概处理原则是什么。如果你收到了本来应该属于其他人的钱，你应该怎样处理最合适。

还是那句话，所有跟钱相关的事情，都是试金石，背后都是信用经营和认知呈现。

我记得曾经投行承包模式时，每年到年底奖金分配时，都有其他部门的各种争论，然后伴随着去领导那里告状和集体分家出走等。当然，也有的部门处理得很好，大家都非常开心愉快地面对分配结果，没有怨言也没有争论。

怎么说，这个事的不满意是常态，而满意是应该追求的小概率事件。

首先关于利益没有人会不在乎，除非你是圣人或者神仙。另外，多数人会习惯对自己贡献值有过高的评价。还有就是多数人都有贪欲，希望能够在自己应得的基础上尽可能多得，在利益最大化和公平上选择前者。当然，有些人是只有利益观而没有是非观的，只想要更多而内心完全对所谓公平没概念。

基于此，分配文化就非常重要，会决定团队成员对公平性和分配

劳阿毛
并购新说

结果的信心。说简单点，当你面对分配结果时，是否担心自己被欺负或者不公平对待。

无论是企业还是部门，很多文化就是核心人的价值观体现。从团队长角度，要对外勇猛对内体恤，也就是说主要能够向市场要效益，带领团队去捕获更多的猎物，能够把蛋糕做大。这是大前提，而不是相反，对市场无能为力总喜欢内部骨头棒上刮油。

另外，要有标准和对公平的追求，这样才能让内部有阳光的分配文化。什么意思呢，就是要心明眼亮来客观评价团队成员的贡献，包括能力、态度和业绩等。简而言之，就是不能依靠承受力和关系好坏来进行分配。另外，团队成员的待遇是他们付出换来的，不能把这些当成是领导的恩赐。

还有就是在明确标准的情况下，应该向年轻人适当倾斜。比如告诉小朋友按照考核你应该得50万元，但内部做了调整，调剂了高职级奖金后把你的提高到60万元。这样处理有几点好处，首先相同的数额放在小朋友身上提升感特别明显，老同志多10万元没感觉，小朋友多10万元高兴得鼻涕泡都出来了。另外从税负角度也很经济，因为小朋友税率很低，给老同志有一半都给税务局了。还有，年轻人是未来是希望，是早上八九点钟的太阳，他们也会成长，若干年后没准还指望人家收留呢。

另外，上面的处理方式对职级高的同学是种思维习惯的训练，有利于形成比较宽厚的利益分配文化。大家都知道照顾下面兄弟，然后积极愉快地奋力去市场打拼，然后就有利于形成某种正向循环。那就

是优秀的小朋友都愿意来，来了都拼命，拼命后都能得到优待。对分配的公平性有信心，到年底分配时听个数就 OK 了，彼此都开心，不用背后问候亲娘。

分钱还有个含义，就是处理自己手中的过路钱。比如说，别人垫付的钱但是你走的报销程序，或者作为工头讨要了薪水后分给其他人，生活中类似场景也经常有。

首先要绝对的信息透明，亲兄弟明算账，不能整得不明白，尤其是关系很好的情况下。另外的原则就是不能拖延，"钱不过夜"也是最基本的原则。还有就是不能取整抹零，尤其在转账的情况下，精确到元角分不难，从利益而言必要性不大，但体现出的原则和态度却比钱本身重要得多。

知易行难，尽力而为。

关于嫉妒

在做交易撮合中，经常会有老板替别人算账，这单交易明明对自己很有利，但是发现交易对方也赚了不少钱，于是乎就不高兴了，还有的直接选了次优方案。看上去很任性不是理性决策，但似乎又很符合人性，这就是嫉妒。

上到福布斯排名靠前的超级富豪，下到街头的乞丐，似乎都脱离不开嫉妒。这似乎更接近人的本性，就算是品行还不错的人，看到别人的好，内心其实也略有复杂。我感觉，嫉妒似乎是竞争意识的某种向内转化，或许是人性中很常见的情绪。

嫉妒是对别人的拥有或者成就，感觉到的强烈阴郁的不爽，这也是嫉妒跟羡慕和憎恨的区别。似乎每个人都不愿意承认自己的嫉妒，任凭这种幽暗的情绪在内心慢慢燃烧，最终让人痛苦不堪，甚至会有破坏行为。

仔细想想，嫉妒有个很明显的特征就是时间与空间维度的接近。因为本质可能是竞争的变形，所以，你不会嫉妒古代皇帝的三宫六院，也不会嫉妒某人当选了美国总统。但是很可能会因为同学分数高，同事得到领导赏识，而内心产生不可告人的不悦。

若他人取得的成就是你唾手可得而放弃的，你会因为有优越感而不会嫉妒。若他人的成就是你无论怎样都没办法企及的，也会让你甘拜下风产生的羡慕更多。所以，嫉妒的来源更多是你所期待的，求之不得的，但与你很接近的人得到了，这时候嫉妒感最为强烈。

当你对某种成功相当期待时，你会痛苦；当经过努力依然无法如愿时，这种痛苦会加剧；当看到身边人居然很轻松得到了，那就差不多要万箭穿心了。而且，当嫉妒能够转化成行动时，会有复仇的效果，不能让他得逞！当嫉妒能够被压制时，会转化成轻蔑，切，就他！

所以呢，人很难保持理性。在所有情绪折磨中，嫉妒带来的痛苦最为强烈，占有欲次之，贫穷或匮乏反而最小。

嫉妒本质是对功利的计较，而对于某些精神价值或者技能，在没有转化成利益之前，多数人会选择宽容的。比如，梵高画画水平高但没卖出价格之前，很难有人因为艺术水平而嫉妒他。但是如果作品可以给他带来名利，那么就可能不同。所以，淡泊名利的超脱者会好些，不易遭到嫉妒，也不大会嫉妒别人。

竞争意识有时候会让人狭隘，对于别人的成就我们习惯挑剔，来证明受之有愧徒有其名。其实用情绪来解决问题大可不必。若他人确实徒有其名，本身的成就根基有问题，不必嫉妒；若成就是客观的，也应该给予喝彩和借鉴，而不应该嫉妒。

人世间很多计较，都可以用不必要和不应该加以区分，这样日子会好过很多。

柒

工作之外

——俯仰自得真性情

怀念母亲

写过很多回忆往事的文字，唯独没有写过母亲，这块算自己心里的痛处不大愿意提及，母亲去世时自己确实还小，很多点滴经历过岁月也略感模糊。每到母亲节或者自己生日的时候，还是会想起她，也会努力回忆起她的样子，时间确实是治愈伤痛的良药，现在回忆起她来，平静和温馨已经代替了悲伤。

有时候心里也有遗憾，母亲只陪自己走了八年，前五年是几乎不记事的孩提时期，能留下的多是些生活的点滴碎片。母亲身体一直不太好，我还保留她咳血及后来住院治疗的记忆，然而母亲倒是生性豁达，总是笑言说自己哪天死了云云，我每次听见了都会偷偷落泪，然后被母亲搂在怀里边抚慰边嘲笑。

说实话，自己并不记得母亲的生卒年月日，后来询问姐姐又通过万年历查询才知道，母亲生于 1950 年 3 月 10 日而去世于 1986 年 1 月 5 日。之前我只知道母亲走的时候才 35 岁，用现在的话说也是风华正茂的年纪，走的时候我姐姐 10 岁而我才 8 岁，如今自己也已经为人父母，越发能理解她走时对子女的不舍，让人内心悲悯顿生。

关于母亲的很多信息多是从老辈亲戚口中得来的，据说年轻时的

母亲以聪明美丽而闻名，也经常有人说我遗传了母亲的智商。她精通裁剪，是个闻名乡里的裁缝，据说她当年因为承担不起学费只上了不到十天的学习班，但丝毫没有影响她的专业技术水准。记得每到过年的时候，家里总是挤满做衣服的人，母亲总是面带微笑有条不紊地忙碌着。

母亲文化不多只上过两年半的学，但通过自学几乎认识所有的字，看过四大名著，经常给我讲里面的故事，用朴素的语言教会我很多道理。印象中好像有几点，比如要诚实守信不贪便宜，重文轻武说头脑智慧远比武力强等，还说过是非和利益的关系来着，我估计大概就跟"君子喻于义，小人喻于利"比较类似。虽然她是农村的家庭妇女，但也不妨碍给了我些关于人生观的启蒙教育。

母亲虽然聪明漂亮但腿有残疾，据说是当年得了骨结核，对于当时的医疗条件而言，这种病还是挺难治疗的，因此两条腿的长短不同，我甚至能记得她走路蹒跚的样子。也正是因为母亲有残疾才会嫁给我父亲，才会有我和姐姐来到这个世界。若干年后，我长大定居北京并生活好转后，无意中听说用手术的方式可以调整腿的长短，我当时不禁想起母亲，要是她还活着多好，没准也有机会尝试手术，没准也能正常走路而无需理会别人异样的眼光，唉！

母亲走后的生活确实有些艰难，没有母爱呵护的孩子敏感脆弱，在那个困难的年代也过早地体会到人间的冷暖。所庆幸的是我跟姐姐成长得还不错，身心也都还健康。年少的种种艰辛反而成了种锤炼，让我们更早地懂事。母亲离去给我最大的感触是，人生有些遗憾是无

法挽救只能承受的。后来自己逐渐长大，在众人瞩目中考上大学来到北京，最终工作买房成家生娃。这么多年来，心中最大的遗憾是母亲没有机会见证自己的成长，都说子女是父母最好的作品，原本自己的成长可以带给她很多荣耀和幸福的，但是她没有办法亲历其中，我只能相信九泉之下她也能感知了。

　　每年回去都会上坟，烟雾缭绕中，凝望荒野间的那抔黄土，有时真不敢相信里面长眠的就是生养自己的人，偶尔周围拔拔草和添点新土都感觉到温馨幸福。想想每个人都因为父精母血来到这个世界，到最后都会化作尘土，无论怎样的至亲至爱都是阶段性的缘分。

　　尽管我与母亲在尘世间的缘分不长，但也不影响她在我心中的分量，若干年后还会在另外的世界相聚，但愿彼此还能记得对方的样子。

劳阿毛
并购新说

我的父亲

爹出生于 1941 年，今年正好 80 岁整。

跟同龄人的父亲相比，我爹明显年龄要大些，因为他年轻时条件不好找对象困难。我妈年轻以貌美和聪颖而闻名，但身体柔弱多病且腿脚有残疾，所以才让我爹捡了"便宜"。妈跟我们缘分只有短暂的十多年就去了另外的世界。现在提及妈时，我爹更多是欣慰与自豪，认为娶了妈妈是他这辈子最光辉正确的选择，给了全家基因意外"改良"的机会。

爹是个靠手艺和力气吃饭的泥瓦匠，从小对他的印象就是早出晚归，每天回来都是满身的疲惫，头发永远沾满了尘土。再有就是我晚上熟睡时，经常被他伸进被窝抚摸我的那双粗糙大手弄醒，同时伴随着憨厚的笑声。可以想象在那个年代，生活有多么艰辛，尤其母亲已故，姐姐和我尚小，但他始终那么乐观和坚忍。只有我生病发烧的时候，才能听见他少有的叹气声。

他文化水平不高，仅读过几年小学，普通得就像沙漠中的一粒沙子。我曾经在年少叛逆时很看不上他，认为他厚道老实宁愿吃亏是懦弱的表现，甚至因为他不够光鲜不够年轻会带给自己窘迫和不安，非

常抵触他去学校里面看我。但是随着自己逐渐地长大和懂事，对他给了自己生命，在艰苦的条件下将我养大抱有深深的感恩之情，另外，对他充满的正能量和质朴智慧也由衷认可，他逐渐成了我的主心骨，催我奋进教我自省。

记得当年，我刚刚从法院辞职转做金融行业，因为所有要从零学起工作压力很大，待遇也勉强才能得以糊口。偶尔会向父亲诉苦，感觉自己在单位里面薪水最低但是却承担很多工作，总是质疑自己受到了不公平的对待。

爹听了以后，并未替我感觉到不平，甚至没有给我所期待的安慰。他平静地纠正了我的观点，说干活多拿钱少这事虽然看着像吃亏，但这种状态意味着安全和持久，若你拿钱多干活少，那这种占便宜只能是暂时的。另外，能者多劳有利于业务能力的积累和信心的树立，多吃点苦最后收获最大的还是自己。

爹的话让我醍醐灌顶听得满身鸡皮疙瘩，这席话几乎奠定了我对于工作和人生的态度，在工作中无论有多难都视为对自己的磨炼和积累，能吃亏有担当意在长久。现在我也经常用这个观点来跟新人交流，用以消除他们的彷徨和浮躁。仔细想想，人生的逆与顺或者得与失，其实跟角度和高度有关。

后来，我在北京买了属于自己的房子，装修完毕后把爹从老家接来住了几日，主要是让他看看新房子哄他高兴下。爹背着手转来转去面带微笑，凭借他泥瓦匠的技术功底对每处装修进行了专业点评。在临走的时候他跟我说，房子不错比我想象的要好很多，不过呢我认为

钱多了也没啥用。

我当时感觉父亲这话很突兀，让人无法理解。父亲看我疑惑继续解释，你现在房子问题解决了，工作状况也挺好的。其实赚再多的钱无非就是换个更大的房子，买档次更高的车而已。这些都是改善性的需求了，人要努力同时也要知足，尤其不可为了赚钱去冒啥风险或伤身体。

我听了挺有感触，明白他要表达的意思，尽管他不知道什么边际效应递减，不会准确地跟我交流如何理性面对物质欲望，但是他很简单的言语传递着他对生活的理解。非常清楚何时鼓励我吃苦奋斗，什么时候需要踩脚刹车，提醒我对物质欲望的克制。这席话也引发了我对生活终极意义的思考，在物质条件的追求过程中努力但不苛求。

后来自己娶妻生女也做了父亲，更深刻体会到了"父亲"二字的寓意。随着他年龄逐渐大了，自己内心越发地对他牵挂甚至是依赖，当年认为他那些不够入流的言语，也逐渐地能够接受。每到节假日都想回去，跟他交流是件令我期待且享受的事情。他会从他的角度给我很多关于人生的建议。

那时候爹还住在村里，考虑到当时孩子小东北农村很冷，前几年春节，我都是去了岳父岳母家过年，我深知他逢年过节对我的想念，但是也从来没有过半句怨言。他一如既往地厚道大度甚至忘我，经常叮嘱我在双方老人的态度上，要大力对岳父岳母多多倾斜。因为我是他亲生的薄厚没关系，改变不了的血脉相连。对媳妇娘家要多付出，事情做满面子给足，钱上的事情千万别计较等。另外嘱咐我，结婚后只有跟媳妇一条心，心系小家"背叛"老家儿，才能获得真正的幸福。

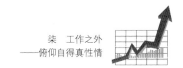

　　这些都让我心里非常温暖，尤其在看到为平衡双方家庭利益引发种种矛盾的小家庭，在为了过年究竟应该去谁家争吵的夫妻，我心中总是充满了欣慰，同时对父亲的宽厚充满了敬意。

　　后来我赚了点钱，帮助姐姐和爹在镇上买了房子，他们也结束了在村里的生活。爹住在姐楼下由姐姐照顾，我负责给点生活费，他们生活得平静幸福。几乎从来不给我找麻烦，就是偶尔爹会上来问姐关于我的消息，出差去了哪里，还讲课吗等。后来有了网络和智能手机，偶尔要求视频看下小孩，过程中高兴得哈哈大笑，甚至手舞足蹈，高兴得像个孩子。

　　这就是我爹，他教我时刻心怀感激，对真诚善意持有信仰。用生命沉淀的质朴经验为我人生旅途点了盏灯，用他的微笑和爱给我动力，岁月让他腰身不再挺拔，但在我心中他永远不失伟岸。

给女儿的第一封信

毛豆：

先说说你的名字，请原谅未经你的同意就给你起了这个小名——毛豆，小名就是要好记，当然有点含义的话就更靠谱了。老爹我行走江湖艺名叫作阿毛，同时又有俗语曰："种瓜得瓜，种豆得豆。"故此，你就叫毛豆了。我都打算好了，以后你要是再有个弟弟的话，就叫毛蛋。

虽然你爹身材不婀娜，相貌不出众，实在无力进行自我蜕变，但是我懂得嫁接，你娘看着还行；我已过而立之年，时间无法倒流，没办法给你一个年轻的爸爸，但是经过我的努力，总算让你拥有一个年轻的妈妈……你应该在老爹的努力下，有所欣慰，我尽力了。

你的父母也是凡人，也希望能够给你一个相对较好的物质条件，你可能会喝外国的奶粉，用名牌的尿片，给你较好的教育条件，在你成长的各个阶段都尽我们所能。但是我还是心存侥幸地希望你能够知道，物质条件与幸福感并无绝对关系，有失去才有珍惜，有差距方有憧憬。

希望你能有机会去体会下什么是真正的饥饿，什么是彻骨的寒冷，体会下没有零食、没有零钱、没有玩具的生活，希望你在对比中能够

懂得珍惜。

我希望你有个健康的身体，希望你不要太瘦，也不要太胖。希望你会游泳、会跳舞，当然这是你的爱好，而不必是你的职业。也希望你热爱生活，享受生活中的每一天，保持快乐心情，不要求你有太多功利的远大抱负，要深知绝大多数人都是平凡的人，追求卓越但也能接受平凡。

另外，也希望你有一颗善良的心，善良人的快乐是真正的、纯粹的、能够持久的！

这个世界，正在期待你的到来！

爱你的爸爸

2009 年 2 月 2 日

我的小愿望

作为父亲，我一直想写几句关于孩子教育的话，但是感觉不太容易梳理思绪。孩子的教育问题实在是太复杂了，我认为教育其实并非是一种技能，更像是一种理念或者态度。孩子的教育方式其实体现的是对生命的尊重方式和程度。我在思考体会中摸索前行，但是并无信心能够得到要领，对于做父母而言，我并无经验可遵循，记不得前世，当然也没有啥前妻。

经常陪孩子玩耍，孩子在每个年龄段都有不同的快乐，而对于大人而言孩子的快乐是简单而绝对的。两周岁时经常会藏在窗帘里面大喊："爸爸，能找到我吗？"或者不知疲倦地玩"老鹰捉小鸡"的游戏，疯玩中高兴得咯咯大笑，笑脸像阳光一样灿烂，有时候也会笑得绯红，眼泪鼻涕若隐若现。我也陶醉其中，脸上带笑心里暖流潺潺……有时候我在想，通常说父母带孩子玩并不准确，应该是孩子带父母玩，因为没有她的兴致我不可能参与类似简单的游戏，没有她的欢乐也不会有我的幸福。

说到快乐，我认为，尘世间没有比快乐更需要珍惜的事情了，从孩子的情绪中我也在思考，作为父母我们通常都说有责任将孩子抚养

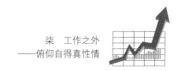

成人，有义务给她教育。我们都知道快乐的意义，但是可能需要有勇气与整个社会环境对抗，我并无真正的信心，只有当下的美好愿望。

孩子是因我而来到这个世界，但是她并不属于我，我有义务给她快乐和认知能力，但是我却没有权利安排她忍受现实痛苦而意在换取远期不确定的快乐。任何生命都是独一无二的，同样，生命中的每一个过程都是不相同的，童年和成年相异并不意味着童年就没有意义。我不认为童年是为成年所作的准备阶段。我小时候经常听见类似的言论，"不吃苦中苦，难为人上人"。我们也听过太多的关于卧薪尝胆之类的励志故事。我却认为活在当下，快乐心生，是最重要的，因为只有现在是最有意义的，未来通常都是一个借口，最后的结果是满怀未来美丽虚无的梦，而永在痛苦不愉快的现实中。

有时候非常庆幸自己活在"教育"相对缺失的年代，我认为被忽视是种幸福，因为意味着自由。好像有人说过，真正的教育是尊重好奇心并驱动求知欲，而并非简单的知识与技能的粗暴灌输。我没有形成良好的学习习惯，但是也不耽误我可以知晓一些道理，我几乎很少阅读，但是却不会妨碍我思考和总结。我喜欢在自然天地间，没有人特别在意我，对我有很高的期望和约束。我观察每一棵植物，凝视每一只昆虫，好奇蓝天的宽广和白云的形状。

我知道我和孩子不同，我是天然的沾满泥土的土豆，而她俨然是装在盒子里面的薯片。我有个小愿望，能够给孩子轻松的童年，不以谁为榜样，不跟谁做比较，让她能够做独一无二的自己，学会感恩，明晓是非，体验人生旅途的每一刻，心里充满安全感，路上看得见阳光……

大　姨

　　大姨是母亲的姐姐，我这个大姨稍有不同，她姓赵而我母亲姓王，跟母亲是同母异父，年长母亲 15 岁，现在也是年过八旬的老人了。

　　大姨家在城里，我们是她的农村亲戚。

　　那个时候，母亲身体不好，家里条件实在很差，大姨其实自己也不富裕，但是非常疼我们，时刻挂念我们的生活。每次来我家都能带来一些好东西，比如大米、白面或者罐头啥的，有时候还能带来袜子或者衣服。在那个物质匮乏的年代，那一切简直美妙得无与伦比，好多小孩都羡慕我们能有好东西吃，我和姐姐也因为有大姨而感觉很自豪。

　　在一个大雪纷飞的冬天，外面的雪下得很厚，大姨突然来了，下了火车走了几公里，浑身都是雪，裤子和鞋子基本都湿透了，身上背着几个白铁皮炉筒。大姨说，早就想把炉筒拿过来，但是最近比较忙一直也没来，谁知道刚入冬这雪下得这么急，怕天冷生不了炉子冻坏了孩子，所以就立刻赶了过来，还好火车还能通。这件事情过去很多年了，那时候我和姐姐还小，不记得了，但是父亲提起过多次，也告诉我们要记住大姨对我们的好。

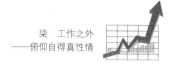

　　母亲身体一直有病，1986年冬天，就离开了这个世界，走的那年她才35岁。母亲的遗体在医院太平间的时候，就后事的处理亲戚们有不同的意见，有亲戚坚持按照老的规矩，遗体运回家停放三天后火化，也有亲戚考虑到我和姐姐年纪小，建议直接火化。后来争执不下，大家建议等大姨到场后确定。据说大姨到了，虽然悲伤但是也很平静，说既然妹妹走了，老规矩固然重要，但还是顾活的吧，遗体运家里，孩子们那么小，出来进去的一定会害怕，直接火化吧。

　　母亲走后，我们的日子过得更加艰难，父亲忙于生计，姐姐年龄也不大，基本上生活一塌糊涂，勉强维持。

　　大姨对我们的照顾依旧，在很长的时间里，每到寒暑假大姨就会过来接我们去城里住。小时候关于城里的记忆就是关于大姨家的一切。有电视，有地板，也有能冲水的洗手间等。现在回想起来大姨家条件也不是很好，表哥表姐五个孩子就住在一共不到40平方米的房子里面，因为居住条件不好，所以在屋顶搭了吊铺，每天我们就住在那上面。每次去大姨那里，都要先给我们理发洗澡除虱子，然后给我们买新衣服。每次从大姨那儿回家，我们都会被养得白白胖胖，俨然从农村土娃子阶段性地变成了城里小孩。

　　就这样，我和姐姐逐渐都长大了，但是大姨却逐渐变老了，在我心中总是感觉这辈子都无法报答她对我们的呵护和照顾，而能做的就是每次回老家都过去看她，每次她都非常高兴，就是给点钱特别费劲，总跟打架似的。

　　我深有体会，在最困难的时候，周围的亲属基本上就划分为两类：

一类是躲避你，害怕因为你的困境带来麻烦；另一类是走近你照顾你，希望帮助你走出困境。当有一天你长大了，条件也逐渐好了的时候，这两类人又呈现出完全相反的态度。那些曾经远离你的人又回来了，嘘寒问暖，总是有意无意地提及小时候对你如何好，嘱咐你不能忘本云云的话。而那些曾经照顾过你的人，倒是由热情转向了矜持，担心走近会给你带来麻烦，好像只要听到你很好的消息就很满足。

大姨就是后者，给我最最温暖的亲情。亲情是人世间很值得珍惜的，很多时候并非完全是因为血脉相连，更多时候是源于呵护与爱，就像黑暗中的灯火，照亮童年，温暖一生。当我长大，一切安好，她依旧在我身后，微笑关注，默默看我前行。

"偶遇" F 哥

看到快手有人加我，仔细看头像认出来，是老家村里的 F 哥，很多年未见。

F 哥姓聂，年龄比我大两岁，是名天生的聋哑人，因为不会说话小时候很少有小孩跟他玩。在村里有个说法是聋哑人都比较浑，所以很多同龄的小孩都有点惧怕他，另外他不会说话不好沟通，玩耍也自然乐趣会少很多。许多小孩背后也各种取笑他管他叫小哑巴，言语毫不留情直戳痛处……

其实 F 哥人很善良，尤其很聪明，除了听不见说不出外，其他都还算正常。F 哥母亲也是聋哑人但出奇的勤快和爱干净，虽然 F 哥也穿着打补丁的衣服，但是总是洗得发白，甚至能闻到他身上的肥皂味道。我猜想是因为身体有缺陷，所以某种程度也造就了他好强的性格。

F 哥家离我家不远，我算为数不多愿意跟他玩的孩子之一。我们玩的各种游戏他几乎都能玩，有些还非常之擅长。我很纳闷作为聋哑人，他是如何理解各种游戏的规则的，因为有些细节靠语言沟通都会花些心思，他居然靠心领神会就能掌握，令我由衷各种佩服。

他上学跟我在同个班级，但是毕竟不是聋哑学校他没办法适应，

好像没上两年就不上了。当然也没钱到外地上聋哑学校，所以他不会手语也不识字，差不多是个完全的文盲。我认为，如果能学会手语和认字，那么聋哑人可能心智和性格就会跟正常人差不多。在我高中的时候回家见到他，他还比画说他曾经看到有人使用手语，但在边上观摩很久根本就看不懂，他还做了要哭泣的伤心状，虽然转眼就露出了笑容，但我内心却有点替他感到遗憾和酸楚。

F哥在青春期时也比较喜欢各种时尚的东西，在穿着打扮上也有着新时代小伙的那种简易时髦，我记得他还曾经自学过霹雳舞，尽管听不到音乐节奏但还跳得有模有样的，上帝关上扇门就会给打开扇窗，可能说的就是这种情形。

F哥很勤快，干活做事不比正常人差，能赚钱的事都愿意尝试，总体生活状况其实还行，后来经人介绍找了位姑娘结了婚。姑娘虽也是聋哑人，但长得挺漂亮。从此夫唱妇随虽相望无语但也恩爱默契，后来生了个儿子居然是正常人，我看快手里面发的视频，现在也是人高马大的小伙子了。

F哥快手加我也令我感觉到意外，他不会打字也听不到声音，我给他私信他只会发各种表情符号给我，我打字问他现在识不识字，等了半天有文字回复：爸爸不会打字，我是他儿子，他说见到你很高兴。看得我略微有点哽咽。我后来开了直播，我看到他进到了房间，我拿起笔在白纸上写了他的名字向他展示，F哥给我回了好多个笑脸表情。

那一串串表情，跟我记忆中他的样子差不多，默默无语，但是却十分的灿烂。

心态是面镜子

在很早之前，机场出租车并未区分长短途，因为居住在离机场太近的望京，每次打车回家是件很痛苦的事情，上车很不好意思地说出"望京"俩字，通常师傅都哀叹一声，表情痛苦得像犯了痔疮。后来机场调整了排队的机制，短途的司机可以在出发前登记领条，回来继续拉客而不用排队称为"盘短儿"，情况就好了许多。

有次从机场打车回望京，司机在机场高速上突然大笑了起来，说刚才不小心开窗，风把登记条吹跑了。我说那您不能"盘短儿"回去了，应该哭才对啊。司机说，已经这样了哭也没用啊，没准在望京有个石景山的活儿等着我呢。然后，聊了些对拉活儿的看法，说活儿有肥有瘦但是都是眼前的差异，放到每月甚至每年就没啥区别了，所以挑活儿这事非常不划算，坏了心情不说其实效果也不好。

我心里挺赞同他的，路上聊得很开心，下车的时候车费显示60元，我付了100元给他说别找了，他也很愉快地接受了，微笑地说了谢谢。

对这件小事挺有感触的，我偶尔会把这个故事讲给别人听，分享自己的观点希望能够换来共鸣。但是给我带来更大收获的是，不同的人对这个故事的观点与态度也会有很大差异，又进而引发了自己的思考。

　　有人非常赞同我的观点，说从司机身上学到了对人生的豁达态度，人生不需要太计较得失，认为司机是个很有智慧的人；有人认可司机但不认同我，说司机故意装作豁达来哄乘客开心，就为了能得到小费来弥补自己的损失，其实是个很精明会算计的人；也有的人观点聚焦在我身上，说登记条被风吹走与你无关，打车不讲价也就罢了还多给钱，而且司机拿了你多给的 40 元钱，心里说不定还骂你傻呢。

　　为什么相同的事情，会有如此不同的观点？或许，人的区别不在于美丑与智商，更多的区别在于价值观，不同的人生看似是结果，其实根源于选择不同。生活就像一面镜子，你眼中的别人，其实就是你自己。

往事如歌

大学毕业后，阿毛哥曾在基层法院工作过两年，每天穿着法院制服严肃地开展各项工作，相当一本正经。进入投行后，简历对这段经历夸大其词，言之参与过数百起重大案件的庭审工作云云。其实，当时就是个小小书记员，整日在记录、订卷及走访等琐事中忙碌。法院所在地风光秀丽且民风淳朴，想起在法院的那些点滴往事，心中会生暖，脸上会带笑。

一、庭审趣事

因为工作所在的法庭地处偏远农村，当事人多数文化程度不高，庭审中不免会闹些笑话。记得有一次，原告是来追讨赡养费的老太太，其女儿充当她的委托代理人。在开庭前做例行身份核实，我问老太太的出生日期，老太太摇头说不知道。此种情况也见怪不怪，于是我改问年龄，老太太说记不清了，就记着是属"牤羔子"的。我并不知其具体含义，脑子里面飞快地转动，结合牤牛与羔子判断，老太太属牛。后来被审判员纠正才知道和牛相去甚远，"牤羔子"原来是方言蛇的意思。

当时心里暗自庆幸，亏得没有闹出什么笑话来，于是核实工作继续进行。问及老太太籍贯时，老太太的女儿站起来有些不悦："书记员同志，老太太没有文化，别整那么多文词，我替她回答行吗？"我说可以，"汉族！"她高声回答到。我回头一看，审判席上俩人民陪审员都不见了，都跑桌下面笑得发抖。

二、调解必杀技

民事纠纷都属于人民内部矛盾，调解率的高低是民事审判工作好坏的评价标准。而且调解结案不存在上诉，更不存在错案的问题，所以只要有希望调解的案子，通常经办人员会全力以赴，尤其对于离婚案而言，调解是法律规定的必经程序。

通常人有个误解，法院对于离婚的调解就是劝和，所谓"宁拆十座庙，不毁一桩婚"。其实，这是居委会大妈的通常调解方式。民事调解的目标是让当事人能够达成一致，比如是否同意解除婚姻、财产如何分割及未成年子女如何抚养等。所以，调解结果是离还是不离不重要，只要双方能够达成一致意见，法律意义上的调解都算成功。

离婚这事若双方能够完全商量好，基本在民政局就解决了，而离婚案起诉到法院的，都是被告不同意离的。法庭调解的方式通常是法官与书记员分别在不同房间做两边当事人的工作，而且两个人的调解目标是不同的。比如法官对于坚决要离婚原告劝其别离："你看你媳妇在家给你又养孩子又养猪的，辛苦这么多年，一日夫妻百日恩，婚姻很多都是共性的难题，就算换人也未必解决啊，就算再找也未必能有好的……"另外的一个房间，一般都由书记员来对付坚决不想离的当事人："你看，事情都闹到这份儿上了，强扭的瓜也不甜，长痛不如短痛，短痛不如不痛，当然了不痛那是不可能的，人家都不想要你了，你死乞白赖也没有意思，还不如趁着年轻再给自己个选择机会，人生啊其实也挺长……"

只要双方当事人有一方吐口，调解这事就算成了，这是法院调解离婚的一个秘诀。不过这事也有个问题，在吐口的第一时间需要跑过去跟对方知会下，否则对方还在拼命劝，两边同时都吐口了，那事就彻底拧巴了。

三、气势磅礴

刚到法院没多久，就赶上机关里面学习"三个代表"主题思想，不但要贯彻领会精神，还要写学习心得。那时思想也没啥进步要求，就琢磨着怎么交差了事，看大家都在忙着熬夜写材料，我习惯性偷懒的作风又发作了。当时互联网还没那么普及，我去了县城仅有的一家网吧，从网上下载了篇学习"三个代表"的文章。如果没有记错的话，应该是解放军总参谋部发表在人民日报上的社论。

我把总参社论下载完毕，在 Word 里面做了个查找替换，把"我军"替换成"我院"，然后打印交差就以为齐活了。谁知道天公不作美，在全院学习"三个代表"交流会上，院长要求选取部分同志上台读下自

己的学习心得。我心里非常虚，心中默念阿弥陀佛上帝保佑。可是怕
什么来什么，于是我被点名上台了，记得途中还向大家挥手致敬来着。

上台之前心虚主要是因为文章不是自己写的，等读上以后才知道
大事不好。你想总参社论文章那是啥高度啊，简直是气吞山河啊。我
一口一个我院，读不到一页自己满头大汗，下面开始议论纷纷。院长
听着笑了，说小劳啊，你这文章挺有高度啊，听着特别像最高院给全
国人大作报告啊。

我当时那脸，跟茄子一个颜色，会后我成了唯一需要补交学习心
得的干警。至今对"三个代表"印象颇深，此生算忘不掉了。

四、有蛇来袭

当时工作地点被安排在法院派出法庭，一个四面围绕着庄稼地的小
小独栋二楼。法庭一楼就是开庭场所，主要是为了方便当事人。记得有
次正开庭呢，突然审判席人民陪审员不见了，我抬头一看，他已经跑到
门外扒着门框面带惶恐，指着另外一侧的大门，略带惶恐地说，蛇！

原来一条不大不小的蛇从外面顺着门缝钻了进来，正在吃力地向着
审判台匍匐前进。虽然我从小也见过几次蛇，但确实也有点害怕，好在
有胆大的当事人帮忙，拿着一根杆子把蛇往门外挑。但是人民陪审员还
是很害怕，嘴里不停嘟囔：它还会进来的，还会进来的……

当时场面比较混乱，当事人都过来帮忙。不知道谁从哪里弄了个
玻璃瓶子，把那条蛇弄了进去然后拧上盖子。我自告奋勇，用了投掷

的优雅姿态，将罐头瓶扔到了墙外的庄稼地里，一切都恢复了平静。

过了几天，我跟法官师傅提及了这条蛇，我说估计此时它依然委身于瓶中呢，确实有点可怜啊。师傅微笑着说，不是可怜是可惜，要是瓶子里面再加点酒，这事就完美了！

五、口无遮拦

基层法院一审判决后当事人有权利向上级法院上诉，当时所在的基层法院对应的是北京市某中级人民法院，该院的地址在石景山区的八宝山附近。曾经有个老头拿到一审判决书后问法官去哪里上诉，法官随口回答，去八宝山！

估计是人到了年纪对八宝山特别敏感，当事人找院长进行了严正的投诉，说法官骂他。后来院长专门开会说这事儿，跟当事人必须礼貌且把话说全，上诉要去位于北京市石景山区八宝山附近的北京某中院，千万别简称八宝山，听起来真像骂人啊。

六、特殊任务

有一次跟值班的几个法警打牌，中途几个法警执行任务去了，没过多久就回来了继续坐下来玩，结果浑身臭味。仔细一问才知道刚才去强制执行一起民事案件，抓走了某人家猪圈里的几头猪，浑身都是猪粪味儿。

劳阿毛
并购新说

　　我脑海里面呈现出一幅战斗的画卷：几个全副武装的法院干警，在泥泞的猪圈里面，有扯耳朵的，有拽腿儿的，凭借平时严格训练的擒拿格斗本领，以多打少经过数个回合最后险胜……

　　"把猪抓走时，你们用了几副手铐啊？"突然有人问。

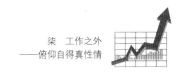

得与失的瞎琢磨

　　人生在世，似乎脱离不了得失，而且很多的痛苦也跟得失有关。通常而言，人似乎更喜欢得到而不喜欢失去，比如得到生命、健康、财富和别人的爱与认可等，传播甚广的马斯洛需求理论基本都是在说人对得到的诉求。多数人都为了得到而进行毕生追求，各种的励志与执着。

　　但对于失去，的确考虑不多。

　　其实，跟得到相比，失去更是人生常态。仔细想想，人这辈子好像也没有啥东西是自己能真正拥有的，也就是说得到是暂时的，但失去是永恒的。我们的财富终究会失去，健康也必定无法持续，直到最终失去我们最为宝贵的生命。或许，对失去有所思考，才能对得到有更透彻的认知。

　　曾经有客户带我参观他的商场，介绍情况时言语间诸多满足与自豪。我想到这么大的商场居然归他所有而心存艳羡，但突然间似乎又感觉到莫名诧异甚至有些不太真实。这座商场属于他不属于我，但这个会导致他与我有什么不同呢？比如，他可以过来逛逛，再看我也可以，或许他可以随意拿走商品，但我必须为之付钱，但在有能力支付的前提下最终都有衣服穿。有人说还是不同，他可以把商场卖掉换来

好多钱，然后再买很多东西而你不可以。但是仔细想想，这又能怎样呢，他也不会每天身上穿100件衣服，说实话并非出于妒忌，基于思考似乎很难找到合理的答案。

或许，人活着对于物质的需求并不大，现代人对物质的追求有很高标准，但发现似乎没有尽头。我们开的车越来越豪华，但却要跑步锻炼身体。我们吃得越来越多，但各种肥胖引发的疾病也越来越多。或许，在满足基本生存后，对物质的追求更多是非理性愉悦，已经脱离了物质本身的作用。看来得到在满足温饱的基础上，更多是精神愉悦，那么失去是否必定会带来痛苦呢？

有种失去，叫作丢失。

举个例子，假如你的笔记本电脑忘在了飞机上，直到回到家里才发现，你会如何处理呢，非常焦急地给机场打电话吗？假如对方说没有接到类似物品呢，会不会每隔半个小时打个电话追问确认？最后终于找到了，是否会立刻赶到机场取回来，然后谢天谢地心里踏实了？其实，丢东西这事最重要的不是寻找，而是丢失后的心态控制，简单归纳就是能找回来没必要着急，找不回来着急也没用。而且，要理性地看待积极寻找对结果的作用，比如上面类似的电脑忘记在飞机上，最终能否找回取决于工作人员的行为取向。通常而言，电脑体积不小比较显眼，而且对于丢失的人而言轻易不会放弃寻找。所以，要基于分析对工作人员是否会偷偷昧下进行判断更有意义。另外，也衡量下最极端的后果自己能否承受，假设平时有文件备份习惯，最坏就是损失几千元钱而已，那就更不用着急了。抽空给失物招领打个电话确认

下，然后下次出差经过机场取下即可。

其实，当电脑落在飞机上那刻起，能否失而复得就已经是定局了，跟自己情绪和寻找行为的积极性关联不大，控制好心态和情绪尤为重要。用相对释然和豁达思维进行理性止损。当然，对于性格急的人而言，这种表现估计是要气死人的，挨揍都绝对不冤枉。

有种失去，叫作错过。

严格意义上讲，错过不算失去，因为之前并未事实拥有，但是很奇怪，错过给人带来的痛苦甚至远大于失去。这点在炒股上表现很明显，相对于割肉而言，似乎踏空更为痛苦。好像很难从心理学或行为经济学上找到理性的答案，只能猜想这应该是人类服务于生存的本能。比如，在远古时代人类打猎，对错过的遗憾其实会让人更积极进取，而对于现实的损失呢，损失的前提肯定是物质相对多余。总之，对未得到的欲求不满和对得到的不够珍惜，也应该算是人类与生俱来的本能。

错过会带来痛苦另外的原因是，人会认为很多事情发生具有偶然性，然后有各种假如和不同结果可能的猜测。其实，哲学上有种理论大概意思是说，凡是偶然也是必然的，已经发生的事情就是必然发生的。所以才有句俗语叫"得之我幸，失之我命"。人生没有假如，所以遗憾和后悔是最无效的情绪，除了闹心并无他用，而且会带来最大的副产品——纠结。

也有种失去，叫作舍弃。

生活中最常见的舍弃就是扔东西，相对于其他的失去而言，扔东西没有那么痛苦，因为主要是基于主观意愿。人差不多分两类，喜欢

扔东西的和不喜欢的，当然各有各的想法做支持，当然也很可能相互瞧不上。要么视对方为败家子，要么视对方为吝啬鬼。

其实，扔东西这事反映的是人对物质控制欲和对使用价值的取舍。有人对物质是有极端的控制欲的，尽管很多东西没有用但依然不舍得丢。因为那是种本能的非理性痛苦，甚至远大于物品无法使用带来的不方便。对于这类人而言，最痛苦的事情就是搬家，不是因为东西多麻烦，而是因为需要面临可能的取舍挑战，这个才是最恐惧的东西。

痛快扔东西的生活方式，让生活变得轻松。尽管背着浪费的骂名，但是仔细想如何界定浪费呢，违背自己的意志生活才是最大的浪费。宁可扔错了将来再补救，也不能为了理论上的可能而堆砌。人生本来就是个失去的过程，与其终究被动失去，有时候还不如主动割舍痛快。

还有种失去，叫作赠予。

赠予就是送东西给别人，这事说起来既简单又复杂，赠予导致的是失去，其实本质是种交换。首先，送人东西通常是有动机的，俗语说"赠人玫瑰，手有余香"，说明赠予行为也是利己的。但是，赠予的利己驱动也有区别，有些人为别人付出是以回馈为目的，比如别人感谢或回报，即以利他的方式实现利己。也有人为别人的付出不求回报，认为帮助行为本身足够美好。很明显后者的幸福感会强，因为主动权在自己的手中，获得满足的确定性更高。

有些人送别人自己不要的东西，有些人送别人自己喜欢的东西，前者无法理解后者，后者也无法接受前者。有人说，拿自己不用的东西送人，每个人都会很大方，其实有人是自己不用的东西也不会送人。

主要是基于对物的控制欲，怕某天会用到而懊悔，也是基于狭隘，会因为别人得到赠予而嫉妒对方。

很多时候，我们习惯认为重要的东西，从另外一个角度思考会发现答案会有不同，人生的精彩在于，无论我们活多久都是个阶段而非永恒，得与失或许就是对生命终极意义的思考，我们被雾霾遮住了双眼，看不到满天繁星，也会习惯了随波逐流中带着焦虑忙碌，而忽略了内心原本的安宁。

别撕巴，给孩纸的！

我有个哥们儿从小生活在长江流域，娶了吉林梅河口的媳妇，总说跟我是半个老乡，有次聊到东北沟通文化和效率问题，跟我说了个事儿，感觉挺有意思也挺有代表性。

这哥们儿听说同事给父母报了欧洲旅游团，价格比较实在，时间安排也挺好，于是回家就跟媳妇说，你父母在老家没啥事，这辈子也没出过国，给安排下去国外转转呗，也不像想象中那么贵。

媳妇说挺好的啊，不过这事得你说，我说父母会多心认为是我给你开方子，还得顾忌你怎么想，你直接说还有面子还解决问题，哥们儿想想也有道理。于是乎，哥们儿操起电话就把这事说了，没想到电话里对方老两口儿表示了激烈的反对，理由摆了很多，有理有据地明确拒绝了这个提议。

核心理由有几点，大概就是你们赚钱也不容易，又要还房贷和车贷，小孩子又要补课，目前还要筹备生二胎，虽然条件不错，但是钱也要用到正地方。另外，我们老两口儿现在衣食无忧，已经很满足了，跑欧洲嘚瑟花这钱不值当，有这钱还不如买点米面粮油实在，要去也是你们年轻人去，我们没必要。

　　哥们儿听了老丈爷和老丈母的话，加上对方言辞激烈甚至有点要发火的态度，感觉恭敬不如从命，既然父母不想去那也就不勉强了，于是就把这事放到一边了，该干嘛干嘛。过了段时间，媳妇提起这事，问你不是要安排父母去国外玩了吗，这事咋没有下文了啊。哥们儿说跟父母说，他们不愿意去，我想既然不太愿意去那就算了，孝顺孝顺，应该以顺为孝。

　　媳妇乐了，说拉倒吧别听他们说，最近我妈给我每次打电话都问，姑爷上次说安排国外玩，后来咋不提了，是不是有啥变化啊，我就跟你说说你可别传话啊，感觉好像咱老两口儿念秧儿似的，不太好。媳妇说，父母是感觉让咱们破费不好意思，其实心里还是挺想去的，这辈子没出国过，主要是想有这个机会跟邻居亲戚嘚瑟下，你可倒实在，人家推辞下你就借坡下驴了。

　　哥们儿感觉也有道理，于是再次操起电话，上次相同的话说了一遍，对方也相当配合，相同的理由又摆出了一遍，总之就是俩字"不去"，理由也俩字"浪费"。我这哥们儿就有点懵圈了，他说那时候没对区域文化带来的沟通问题有太深理解，所以确实有点不知所措，也不知道岳父岳母到底啥意思。去不去简单明了直接点多好，谁有这时间来回来去推驴拉磨的，爱去不去不扯这事了。

　　媳妇不干了，说你这姑爷提起来说要安排旅游，结果还不高兴撂挑子了，这事不能这么收场啊，否则让父母怎么想，说你本来就没想安排，就拿大甜棒子出溜人。哥们儿说那咋办啊，媳妇说这样，采用生米煮成熟饭的策略，你先给报个团然后就告诉老人钱都交了，不去

也不退了，这样估计可以。

于是哥们儿就照办了，给岳父岳母打电话，说团都给你们报好了不去钱也不退了，你们看着办吧。对方父母埋怨了几句年轻人办事太出马一条枪，但是还没答应去，给出了个建议，既然钱不能退了，建议安排孩子爷爷奶奶即自己亲家去，下次再安排这边。哥们儿说报名是实名制的改不了，另外欧洲自己父母都去过了，下次安排美国的时候再说。在这种情况下，老两口儿叹了口气，骂骂咧咧的口气中，无奈算是答应了。

老两口儿在老家为出国做了挺多准备，办护照和签证啥的就不用说了，还有各种洗澡理发烫头买衣服。除此之外呢，跟认识的所有邻居和亲戚都逐一致电，大概就是表达两点，第一，最近两个星期别找我们，我们要出国去欧洲了，而且有时差也不方便（其实呢，亲戚们几年都没联系，确实不差这两个星期）。第二，我们去国外你们有啥想买的东西，提前告诉我们，要是方便我们可以帮你们捎下，国外没有啥假货……

于是乎，欧洲之行就落实了，每天微信视频都在欢声笑语中度过，每天都在朋友圈发各种照片，老太太戴着墨镜系着五色纱巾举着自拍杆，频频出现在各种教堂和广场上。确实幸福感还是挺强的。行程圆满结束后回到老家，把照片洗出来给邻居和亲戚看。能想象到那种场景，展示者幸福加兴奋，围观者表情略带羡慕但总体保持着平静与克制……

哥们儿也感觉挺高兴的，于是电话回访下看看效果如何。老丈爷说，有这个机会确实挺难得的，这辈子也没出过国，姑爷你破费了。另外呢，国外就是风景好，吃得确实不太习惯了，长长见识就行了，

两个星期俩人造出好几万元，这钱确实有点不值得，以后可别扯这事。

哥们儿略感觉失望，似乎没听出对方的高兴来，而且还因为花钱多略表示不满，回家跟媳妇学话。媳妇说这已经是很高评价了，昨天我打电话还问，下次安排亲家去美国到底啥时候，有没有人数限制……

我听了笑出了声，我说别说你了，我土生土长的东北人有时候也搞不定。我记得，刚参加工作那时候，回东北老家过年给亲戚红包钱，遭遇过特别猛烈各种推让和撕扯，搞得我体力不支不说，还有点茫然不知所措，最后无奈地又把钱都拿回来了。第二年再给钱甚至都有心理阴影了，还好大家也与时俱进，不怎么太撕巴了。

遭遇董小姐

那是在 2002 年，我在北京某家投资顾问公司上班，公司福利待遇挺好的，可以给员工租宿舍，之前租约到期且房子稍有些远，公司就让我们在附近找个房子。经过仔细搜寻电线杆上的小广告，并经过了实地考察后，初步确定了租房意向。

房子不算大，是个 70 平方米左右小三居，在离公司几百米的老旧小区中。房东是对中年夫妇，女主人姓董个子挺高染着红色头发，开价每个月 2200 元，我们还价未果，约了房东与公司签约付款后，我们三个老爷们儿购置家具用品，愉快地入住了。

眼看着夏天就要来了，发现房子里面没有空调，于是就跟房东商量能否加个空调。房东很明确拒绝了，说房租价格就是不包括空调的，要么自己买要么房租要涨价。于是乎，大家凑了点钱买了个空调，也没有太在意这事。

我认为，租房子应该是件挺简单的事情，我们只管居住和缴纳房租就 OK，也不需要与房东有太多的交集。但这位大姐还真让人印象深刻，我们住进去后，就开始了各种幺蛾子。我曾经有点不理解，因为闹矛盾大家都心情不愉快又是何必呢？后来经过复盘我意识到，可能

她感觉租金收低了，除此之外也找不到其他理由。

没过多久，董小姐莅临出租屋来指导工作，展示出很强烈的情绪不稳定。先对家里卫生不满意，然后提出来说你们住了三个人，房租必须要加钱。我跟她讲道理，卫生的事先不说，我们租房子你怎么还论人头收费呢，我们啥时候承诺入住人数了？

董小姐说，当时看房子和签合同时都是两个人，现在你们住进三个人，少废话必须加钱。我说，我们租的是房子又不是床位，公司出租作为员工宿舍，莫非要闲置出一间吗？按照这个逻辑，那我们只住一个人是不是就要半价了？

董小姐说是的，你们全部都搬走我退你们房租。我问押金呢？说押金不退，因为你们违约。我当时脑瓜子嗡嗡的，我说你这是三居，因为我们住三个人就违约了，这是哪国法律规定的啊，毁约撵人还要扣押金，这是抢钱啊？最后我们表态，坚决不搬！

房东带着不悦摔门而去，我们庆祝阶段性的胜利。谁知，大戏才刚刚开始……

自从董小姐走后，我们几个愉快地在出租房里生活，大家上班下班出差等都进入了正轨。后来似乎还有点膨胀，居然还集资雇了个四川的阿姨，做菜那叫个好吃。每天回家都能与各种美味相遇，冬瓜丸子汤和回锅肉等，感觉自己丰盈的身材多半是那时候打下的基础。

某天洗澡燃气热水器坏了，在斑驳的外壳上好歹找到了售后电话，居然还能打通。第二天厂家来人更换了零件，原来是开关老旧寿终正寝了，花费也不太多好像是共计150元。这事过去了大家都没在意，

到月底缴纳房租的时候想起来了。于是跟房东董小姐沟通，大概意思是这钱是否可以从房租里面扣除。

董小姐态度明确，这事休想，你们用坏了我热水器你们需要赔偿的。我当时脑瓜子又开始嗡嗡的了，我解释说，维修时厂家也明确说这属于正常耗损。我当时还举例子说，比如把碗打碎可能是我们不小心，热水器正常开关坏掉，这是在正常使用下的。作为房东有义务保持基本的设施处于可使用状态。况且，就算我们不修，这个钱也肯定要花的。

董小姐说，她在某物业公司上班，随便叫来点工人就修好了不用花钱。这事我们没告诉她而擅自处理，那就后果自负。总之就是别谈钱，这事与她无关。我们有点气愤但感觉也很无奈，想想钱不多就算了。

没过几天，她打来电话，莫名地把我们都给数落一遍。说楼下反映我们扰民，大半夜不睡觉走来走去，而且还有高跟鞋的声音。我们感觉很不解，楼下有意见难道不应该上楼吗，还费劲给房东打电话？另外，晚睡倒是有可能，唯一来过的女性就是做饭老阿姨，半夜怎么会有高跟鞋声音呢，莫非哥儿几个谁有特殊癖好吗？我们彼此打量一番，带着坚定与狐疑……

后来，董小姐又打来电话激动地说，你们注意影响，邻居还反映你们生活作风有问题，经常往家带各种不同的女人，据说还有外国女人……

当时我们特别无语，这都是啥风马牛不相及的事情啊。我很不客气地说董小姐，首先是否往回带女人是我们的私生活，你别饱汉子不知饿汉子饥，这事公安局都不管你算老几。另外，你说啥外国女人的事，你实在抬举我们哥儿几个了，我们真没有金刚钻也不揽那瓷器活

儿，这辈子就没吃过西餐······

董小姐折腾过几次后，我已经深刻地认识到，这个世界是有人能为了小利益而不顾是非的。如果放在现在，自己可能不会特别在意，直接给加点租金就OK。其实都是交易，有些人会为了多点钱而各种不讲理，而有些人选择多花钱来买心静。但当时年纪小不甘心，只顾得上吵架而忽略了解决问题的方式。

但是董小姐依旧，时不时打电话各种阴阳怪气，大概意思就是找碴儿来恶心你们，要么加钱要么滚蛋。说实话每次跟她说话，内心都特别的憋气加悲凉。我之前特别喜欢与人摆事实讲道理，总想用自己的价值观度人，摆出愚公移山的决心来挽回不利局面，后来发现或许搬家是最好的选择。

别了，司徒雷登，董小姐，你赢了！

一年租期快到了，我们几个商量了下不再续期，都分别出去自己租房子。董小姐听了后，带着翻身农奴把歌唱的神情跑来，哗哩哗哩开始细数各种善后事宜。我跟她商量，我们这自己带的家具，包括床和沙发还有空调等，能否留给她折算半个月的房租，我们在这期间也方便找房子。董小姐这次态度很好，爽快地说NO！这个结果也在意料中，于是就把家具送给做饭的阿姨，当然空调没办法摘就算了，只能忍痛留给亲爱的董小姐了。

其他兄弟都搬走了，我跟董小姐商量押金问题。她算得真叫个细啊，能用以扣钱的明目都用尽了，包括清洁费、空调打孔墙壁损失费、门把手损坏赔偿、用坏的纸篓还有生锈的菜刀等。我感觉押金估计也

七七八八了，剩多少算多少吧，也无心计较就等着赶紧走人。董小姐又去厨房转了圈，说我们用了她600元的煤气需要扣钱。

我说，煤气平时都是我们自己充值啊。董小姐说，她租房子给我们的时候，还有800多元的煤气钱，现在只剩下200多元了，中间的差额需要我们承担。我说当时租房子的时候也没确认煤气数啊。董小姐翻了个白眼说，你们没确认是你们的事情，我可是分明记得。我瞬间有点无语，突然想到个事，搬进来时电卡很快就没电了，不久前充了2000元进去。

我瞬间佩服自己五体投地，判断自己这次可能要占了上风，跟董小姐说我们还剩下1500元左右的电费，正好与你这煤气钱冲抵了，剩余的我也不要了，OK不OK，哈拉少不哈拉少？董小姐说，谁要占你便宜，你们多充的电你们处理，有本事你们拿走，老娘我不稀罕！

董小姐，你太有才了，我敬佩你是条汉子！

按正常的叙事逻辑来说，我搬家后故事就应该结束，从此与董小姐挥手作别，不带走生命中任何一片云彩。这段租房经历让人印象深刻，但回想起来也感觉比较有趣，让我年幼的心灵就遭遇了人性的暗淡，见到了人类物种的多样与多彩，其实也是收获满满的。

非典疫情来了，整个北京都陷入恐慌中，我也在家里赋闲无事。某天，董小姐电话不期而至，电话里首次称呼我兄弟，语气温柔得令人毛骨悚然。在简短的寒暄后，问我还愿意租她的房子不，价格好商量，毕竟之前合作挺愉快的。

听到"愉快"俩字的时候，我差点吐了。但是好奇心促使我没有

立刻挂电话，简单地了解了下这段时间发生的经过。董小姐带着点哭腔的口气，讲了这段时间事情的经过。

原来她把房子租给我们后，又陆续接到过租房电话，她每次都不挂掉跟人家聊能出多少租金。听说有人能出更高的租金，让她感觉后悔不已。所以才有了后来的那么多故事。我们租期快到的时候，她已经找好了下家，房租提升到了 2500 元。因为新租户也自带家具，所以才让我们完全把家具处理腾空。我们搬家后，她高兴地迎接新的租户入住，每个月多 300 元钱，欢天喜地啊。

我说那不挺好的吗，为啥又要给我打电话呢？

这时候，董小姐语气又恢复了过往的犀利与愤慨，开始破口大骂。说这群租户是某省油漆厂在北京搞销售的，但是因为非典的缘故，租了不到四个月就不辞而别，房租有拖欠不说，还把家里能搬的东西都顺走了。对，还包括你留的那个空调……另外，还有家里墙壁地板也有很多油漆，简直惨不忍睹啊。

我快笑出声了，愉快地附和着谴责无良租户，然后跟董小姐说不好意思，没办法回去住，因为这边解约要支付违约金。董小姐说她可以适当承担部分，这些都好商量。我又说你房间没有家具了也没办法住啊，她说没关系可以帮你重新购置。我说再说吧，然后就挂掉了电话。

我要是回去，那才真是脑袋被门给挤了，别说家具和承担违约金了，就是请我吃西餐都不好使，跟谁俩呢？

后　记

　　2015 年 11 月出版了第一本书《劳阿毛说并购》，当时入选的文章大多是之前积累的，与其说是本投行专业书籍，倒不如说是个人工作生活随笔。出版之初我感觉，投行并购相关的知识点受众太少，而很多感悟个人色彩也太浓，应该不大会有人看，但出版效果略出乎我的意料，连续加印了六次，销量还不错，我猜想可能与当时并购市场的火爆有关，也可能自己不太正经的语言风格让大家感受到了些欢乐。然后呢，就在2017 年出了首次增订版，还煞有介事地整了精装本，标价翻倍重量增加，像个砖头适合装饰不太适合阅读。

　　出书后自己俨然也成了金融作者，颇有点"别个签字笔，揣着颗平常心，走遍大江南北照样吃香的喝辣的"那种感觉。客观而言，对于自身的投行业务拓展确实有了帮助，另外也能给新入行投行并购的朋友提供点参考。让我这名普通的投行工作者，也体验了点世俗的"名利"味道，据说因此成为村里首位能够百度查到的人。

　　第一本书名叫作《劳阿毛说并购》，其中的内容大概分为两部分，一部分是与并购相关讲市场、方案、交易和业务体会，另一部分与劳阿

毛有关，啰哩啰唆讲了很多生活的段子和小感受。首次出版时编辑就给加了番外篇部分，我当时认为不是很妥，这部分跟这本书主旨风马牛不相及啊。当时编辑解释，很多感悟和段子体现出你的个人思维习惯，跟并购撮合与业务拓展中的很多价值观内核是相通的。见我还在犹豫，编辑继续劝我说，还是放吧，要不然……字数不太够。于是乎我就同意了，最后效果还行。

转眼时间到了2021年，距离首次出版已经六年了，整个并购市场也发生了很大变化。当时很多文章还是有很强的时效性，站在今天角度已经很难理解当时情形。随着诸多法规的修订，很多关于操作方案的专业性描述也必须调整。更重要的是这些年自己还坚持写点东西，也有很多新文章出来可以补充进去。另外，经常有朋友或者客户要这本书，但网上已经没有销售了。酒瓶装点新酒重新摆上柜台，能卖就卖点不能卖就自己留着送人，于是有了这本《劳阿毛并购新说》。本书整体框架略有调整，删除了上中下篇的分类，但基本框架变化不大。

写到这儿也挺感慨的，这六年发生了太多的变化。有些客户在我们的帮助下登陆了证券市场，也有些在2018年债务危机爆仓破产。单位也来了不少不太熟悉的新面孔，也有很多老同事离开追逐更精彩的人生。女儿上了初中已经是亭亭玉立的美少女，家里也添了小男生叫劳有钱，我也稍微减了点体重越发英姿飒爽起来，美好的生活依然在继续。

希望这本书依然可以给你带来收获，还有欢乐。

图书在版编目(CIP)数据

劳阿毛并购新说 / 劳志明著. —北京：中国法制
出版社，2021.11

ISBN 978-7-5216-2190-7

Ⅰ.①劳⋯　Ⅱ.①劳⋯　Ⅲ.①企业兼并－基本知识
Ⅳ.①F271.4

中国版本图书馆CIP数据核字（2021）第200922号

策划 / 责任编辑：黄会丽（foreverhuili@163.com）　　　　　　封面设计：周黎明

劳阿毛并购新说
LAO AMAO BINGGOU XINSHUO

著者 / 劳志明

经销 / 新华书店

印刷 / 三河市紫恒印装有限公司

开本 / 710毫米×1000毫米　16开　　　　　　印张 / 21.5　字数 / 224千

版次 / 2021年11月第1版　　　　　　　　　2021年11月第1次印刷

中国法制出版社出版

书号ISBN 978-7-5216-2190-7　　　　　　　　　　　　定价：78.00元

北京市西城区西便门西里甲16号西便门办公区

邮政编码：100053　　　　　　　　　　　　传真：010-63141852

网址：http://www.zgfzs.com　　　　　　　　编辑部电话：010-63141785

市场营销部电话：010-63141612　　　　　　　印务部电话：010-63141606

（如有印装质量问题，请与本社印务部联系。）